Viața Maicii Domnului

AȘA CUM ESTE CUNOSCUTĂ
ÎN TRADIȚIA BISERICII ORTODOXE

Reflection Publishing
California

Coperta 1-a: Icoana Maicii Domnului din Vladimir
Coperta 4-a: Icoana Rugăciunii Inimii și Minții

Autorul cărții: Horia Ion Groza
Tehnoredactor: Ruxandra Vidu

ISBN (10):   0-9797618-4-0
ISBN (13):   978-0-9797618-4-3

© Reflection Publishing, 2007
P.O. Box 2182
Citrus Heights, CA 95611-2182 USA
Tel: (916)-604-6707   Fax: (916)-726-2768
E-mail: info@reflectionbooks.com

Sfinţenia Maicii Domnului

Taina Bisericii şade în două fiinţe desăvârşite: persoana dumnezeiască a Domnului nostru Iisus Hristos şi persoana omenească a Maicii Domnului. Sfânta Fecioară mijloceşte pentru noi creştinii bunurile veşnice. Prin ea primesc harul oamenii şi îngerii. Toate darurile pe care le primeşte Biserica sunt făcute în prezenţa Maicii lui Dumnezeu, începătoarea Bisericii slăvite.

Sfântul Grigore Palamas scrie: "Voind să creeze un chip al frumuseţii desăvârşite şi să dezvăluie îngerilor şi oamenilor puterea minunată a înţelepciunii Sale, Dumnezeu a făcut cu adevărat atotfrumoasă pe Sfânta Fecioară Maria. El a îmbinat într-însa frumuseţea neîntreagă pe care a împărţit-o celorlalte făpturi pe care le-a creat, făurind podoaba supremă a tuturor fiinţelor văzute şi nevăzute; sau, cu mai exacte cuvinte, El a făcut-o pe ea un amestec din toate desăvârşirile dumnezeieşti, îngereşti şi omeneşti, o frumuseţe sublimă care face minunate lumea pământească şi cerească, înălţându-se de la pământ până la cer şi chiar dincolo de acesta".

După cum spune Sfântul Dimitrie, mitropolitul Rostovului, Sfânta Fecioară Maria "lui Dumnezeu Tatăl I-a fost Fiică, lui Dumnezeu Fiul I-a fost Maică iar lui Dumnezeu Duhul Sfânt Fecioară nenun□ită şi Mireasă pururea fecioară. Ea s-a suit spre starea de Mireasă a lui Dumnezeu Duhul Sfânt prin curăția feciorească și spre starea de Maică a lui Dumnezeu Fiul prin smerenie. După căderea lui Adam, cuvântul lui Dumnezeu n-a venit degrabă spre a se întrupa până nu s-a aflat o asemenea Fecioară care să fie perfect fie curată și cu trupul și cu duhul".

După cum scrie Pierre Evdokimov, "Sfânta Fecioară Maria exprimă virginitatea maternă a Bisericii si este de aceea Mama tuturor creștinilor". Maica Domnului este vestitoarea cereștii bucurii a întrupării Domnului. Ea este blânda noastră mijlocitoare la rugăciune. In același timp însă, ființa ei este acoperită de o înfricoșătoare slavă, o Slavă de la Dumnezeu. De aceea ne rugăm ei și o cinstim cu un fior de adâncă evlavie.

Nașterea Sfintei Fecioare

Vechiul Testament conține o serie de profeții despre venirea la un anume timp a Maicii Domnului în șirul generațiilor umane. Încă în paradis după săvârșirea păcatului originar Dumnezeu i-a spus cu mânie șarpelui: "Vrăjmășie voi pune între tine și femeie, între sămânța ta și sămânța ei. Aceasta îți va zdrobi capul, și tu îi vei zdrobi călcâiul" (Geneza 3,15), cuvinte care vorbesc și de suferință dar și de zdrobire a ispititorului în această luptă. Maica Domnului, a doua Evă, va naște pe Domnul Iisus, al doilea Adam, care va învinge răul. Proorocul Isaia (7,14) zice mai exact: "De aceea Domnul însuși vă va da un semn: Iată, fecioara va rămâne însărcinată, va naște un fiu, și-i va pune numele Emanuel (Dumnezeu este cu noi)". Iar în Mica (5,2-3) găsim cuvintele lui Dumnezeu adresate cetății Betleem: „din tine Îmi va ieși Cel ce va stăpâni peste Israel, și a cărui obârșie se suie până în vremuri străvechi, până în zilele veșniciei. De aceea îi va lăsa, până la vremea când va naște cea care are să nască."

Prea Binecuvântata și Sfânta Fecioară Maria s-a născut din neamul regelui David. Familia tatălui ei, Ioachim, din tribul lui Iuda, era din Nazaretul Galileii. Mama ei, Ana, era fiica lui Matan preotul, din tribul lui Levi. Viața lor era dreaptă și plăcută înaintea lui Dumnezeu, fără de prihană și cu frica lui Dumnezeu înaintea oamenilor.

Ioachim era un om bogat dar mieii, oile, lâna ca şi toate celelalte lucruri pe care le avea le împărţea în trei: una pentru orfani, văduve, străini şi săraci, alta pentru templu, slujitorii templului şi cei ce-L serveau pe Dumnezeu, iar a treia parte o păstra pentru el, casa şi familia sa. La douăzeci de ani a luat de soţie pe Ana şi au trăit împreună mai mult de cincizeci de ani fără a avea vreun fiu sau fiică, ceea ce îi întrista foarte, deoarece nu puteau spera că vreunul din vlăstarele lor o să apuce să vadă pe Mesia. În rugăciunile lor au promis mereu Domnului că, de le va fi dat prunc, îl vor dedica în întregime servirii lui Dumnezeu. Cu adâncă tristeţe oamenii le priveau căsnicia fără de rod, ca pe o lipsă de binecuvântare din partea lui Dumnezeu a seminţiei lor.

Darurile aduse de Ioachim la Sărbătoarea Dedicării (Hanuka) şi a Luminii, care era celebrată vreme de opt zile la Templul din Ierusalim, nu au fost primite de marele preot Reuben, căci veneau de la nişte oameni nevrednici şi sterpi în faţa Domnului. Dispreţuit şi întristat peste măsură Ioachim a părăsit Curtea Bărbaţilor din clădirea Templului şi s-a retras în sălbăticie ne mai dorind a se întoarce acasă. Ana a plecat şi ea plângând din Curtea Femeilor şi s-a îmbrăcat în haine cernite jelindu-şi văduvia şi nerodnicia. Pe la ceasul al nouălea a coborât în grădina casei sale şi, aşezându-se sub un dafin, s-a rugat din nou cu glas fierbinte Domnului. Privind în sus a zărit un cuib de rândunică în dafin. Atunci cu şi mai mare jale a strigat: "Vai mie, cine m-a născut şi ce pântec m-a purtat ca să fiu astfel blestemată înaintea copiilor lui Israel şi batjocorită în templul Dumnezeului meu? Nu sunt nici ca pasările cerului căci şi ele au rod înaintea Ta Doamne. Cu cine m-aş putea compara? Iată şi fiarele pământului rodesc iar apele mării, fie că sunt liniştite fie că freamătă, sunt pline de peşti ca să mărească puterea Ta Doamne" (repovestit din icosul Canoanelor de la Utrenia din 8 septembrie). Şi s-a făcut zvon uşor şi a apărut îngerul Gavriil care i-a zis: 'Ană, Ană, Domnul ţi-a auzit ruga şi vei naşte, iar sămânţa ta va fi de preţ pentru toată lumea'.

În acelaşi timp Arhanghelul s-a arătat şi lui Ioachim în munte în sihăstrie, spunându-i: "Dumnezeu ţi-a văzut ruşinea şi a auzit ocara de nerodnicie adusă ţie, pe nedrept, căci El pedepseşte pentru păcat dar nu pentru fire. Atunci când El închide pântecele cuiva o face ca să îl deschidă într-un chip minunat ca lumea să înţeleagă că pruncul este darul lui Dumnezeu şi nu fructul plăcerii. Nu a fost aşa cu mama neamului tău, cu Sara care era stearpă (Geneza 17,17) şi totuşi la adânci bătrâneţe a adus pe Isaac prin care promisiunea a devenit binecuvântare pentru toate neamurile (Geneza 16,2)? Raşela, de asemenea atât de plăcută lui Dumnezeu şi iubită de mult evlaviosul Iacov, a fost vreme lungă stearpă dar a născut în cele din urmă pe Iosif (Geneza 30,23-24), care a devenit nu numai stăpân în Egipt (Geneza 41,40-41) ci şi eliberatorul multor neamuri ce aproape pieriseră de foame (Geneza 41,56-57). Cine dintre judecători a fost mai tare ca Samson sau mai sfânt ca Samuel? Şi iată că amândouă mamele lor au fost multă vreme sterpe (Judecători 13,2, 1

Samuel 1,20). Ana, soața ta, o să nască fiică și-i veți pune numele Maria. Ea va fi închinată Domnului din pruncie căci va fi plină de duh sfânt încă din pântecele mamei sale. Maria nu va mânca nici bea nimic necurat, nici nu va irosi vremea prin a trăi în mulțime ci în templul lui Dumnezeu".

Deci, după cum le-a poruncit îngerul, Ioachim și Ana s-au dus de s-au întâlnit cu mare bucurie la Poarta Templului. Iar Ana, printr-o mare minune, a prins rod din mariajul cu Ioachim și a născut pe Fecioara Maria. Ea era ca fântâna vieții care țâșnește din stâncă (Exod 17,6), ca rugul (Exod 3,2) ieșit din pământ gol și arzând cu o flacără imaterială ce curăță și înalță sufletele. Cum spune Sfântul Ioan Damaschinul, "inspirați de Dumnezeu corul divin al patriarhilor și profeților Vechiului Testament au numit-o Munte (Daniel 2,45), Poartă a cerurilor (Ezechiel 44,2) și Scară a spiritului (Geneza 28,12-17), căci din ea a fost Piatră netăiată de mâna omului și ea a fost Poarta prin care a trecut Domnul minunilor, Dumnezeul părinților noștri". Copila a crescut văzând cu ochii și a făcut primii pași, în număr de șapte, la vârsta de nouă luni. Deși la Evrei ziua de naștere nu se celebrează, părinții Mariei au sărbătorit-o când a împlinit un an, ducându-o să o binecuvinteze trei preoți. O icoană celebră de la mânăstirea din Chora (Karyie Djami) înfățișează pe Ioachim prezentând pe mica copiliță celor trei șezând la o masă ca Sfânta Treime, iar copila este îmbrăcată în straie lungi precum veștmânt prețios acoperă întotdeauna vasele sfinte de pe altar.

A rămas în tradiția bisericii ortodoxe ca prima sărbătoare a anului bisericesc (care debutează la 1 septembrie) să fie Nașterea Maicii Domnului ca un binecuvântat început al tuturor marilor evenimente religioase ale anului precum istoricește ea a fost un început al tuturor evenimentelor minunate ale Noului Testament.

Troparul, Condacul și Irmosul Nașterii Sfintei Fecioare

Nașterea ta, de Dumnezeu Născătoare Fecioară, bucurie a vestit la toată lumea, că din tine a răsărit Soarele dreptății, Hristos Dumnezeul nostru, și dezlegând blestemul, a dat binecuvântare, căci stricând moartea ne-a dăruit nouă viață veșnică.

Ioachim și Ana, din defăimarea nenașterii de fii și Adam și Eva din stricăciunea morții s-au izbăvit, preacurată, întru sfințită nașterea ta. Aceasta o prăznuiește și poporul tău, de vina greșalelor mântuindu-se, când strigă către tine: Cea stearpă naște pe Născătoarea de Dumnezeu și hrănitoarea Vieții noastre.

Mărește, suflete al meu, pe ceea ce s-a născut din cea stearpă, pe Fecioara Maria. Străin lucru este maicilor fecioria, străină este și fecioarelor naşterea de fii iar întru tine, Născătoare de Dumnezeu, amândouă s-au rânduit; pentru aceasta toate seminţiile pământului neîncetat te slăvim.

Intrarea în templu a Maicii Domnului

Când mica fecioară Maria împlini doi ani, Ioachim spuse Anei să meargă s-o ducă la Templu, asa cum promiseseră Domnului ca mulțumire pentru rodul târziu pe care El l-a dat căsniciei lor, scăpându-i de rușine și neprimirea jertfelor la altar. Dar Ana l-a rugat să mai aștepte un an, ca fetița crescând mai mare să poată să-și amintească tatăl și de asemenea să nu se sperie când o să rămână între străini la templu. Deci au mai așteptat un an și au dus-o cu un alai de tinere fecioare.

Ajungând la templu au îmbrăcat-o în straie deosebit de frumoase de arăta ca o regină. Au lăsat-o pe treptele ce duceau de la Curtea Femeilor la Cea a Bărbaților. Treptele erau în număr de cincisprezece ca și numărul Cântărilor treptelor (psalmii 119-133). Templul era clădit pe un munte așa că treptele erau necesare pentru a urca spre altar. Marele preot Zaharia, pe atunci tânăr, care avea să devină mai târziu tatăl Sfântului Ioan Botezătorul, avea și darul profeției, așa că a văzut în mica fetiță urcând treptele, singură și neînfricată, marile taine ale lui Dumnezeu și a strigat: "Bucură-te Regină a Universului! Bucură-te prea Sfântă Mamă a Domnului, Maică a Marelui Împărat Iisus!" Apoi s-a adresat părinților Fecioarei, fericindu-i.

Ascultând vorbele Anei de ofertă pentru Dumnezeu, el a primit copila și a sărutat-o. A luat-o cu el până pe treapta a treia a altarului și Dumnezeu a trimis har asupra ei încât ea a dansat pe micile-i piciorușe spre bucuria și minunarea tuturor: la trei ani copila mergea și vorbea cu o mare siguranță. Apoi Sfinții Părinți Ioachim și Ana au lăsat-o acolo dar au continuat s-o viziteze timp de șapte ani până s-au prăpădit.

Clădirea templului în care intrase copila, prin anul 17 înaintea lui Hristos, fusese dezvelită de acoperișul tradițional și reconstruită, din motive politice, după modelul păgân greco-roman, de către Irod cel Mare. Cu marile sale săli de marmoră strălucitoare albă, templul devenise una din marile atracții ale vremii. Micuța copilă a fost singura ființă care a avut voie să locuiască în Sfânta Sfintelor, cum se chema încăperea sacră a templului, care era considerată Casa lui Dumnezeu și unde doar marele preot putea intra.

Sfânta Fecioară a stat acolo nouă ani și a fost în admirația întregului popor al lui Israel pentru sfințenia și înțelepciunea ei, vorbind ca o persoană de treizeci de ani. Felul cum își petrecea timpul a rămas un model pentru viața monahicească și isihastă din veacurile ce aveau să vină. De noaptea până la 9 dimineața se ruga, de la 9 la 3 țesea, de la 3 până la 9 seara se ruga, când venea Îngerul și-i aducea de-ale gurii. Hrana ce-o primea de la templu o dădea săracilor. Astfel trupul și sufletul ei erau curate și întru totul unite cu Dumnezeu de la care își primea direct merindea. Părinții Bisericii ortodoxe au folosit cele trei părți ale templului, în care-și petrecea timpul Sfânta Fecioară, ca simboluri în zugrăvirea treptelor spre desăvârșire: prima parte unde țesea - viața activă, unde scopul este eliberarea de patimi, purificarea (*apathia*); a doua parte unde se ruga - contemplarea lui Dumnezeu, înțelegerea creației (*physike theoria*); a treia parte, Sfânta Sfintelor, unde Fecioara primea mana de la Arhanghel - cunoașterea Cuvântului lui Dumnezeu, desăvârșirea (*theologia*). Este ca și șirul celor trei cărți ale lui Solomon: Proverbele, Eclesiastul și Cântarea Cântărilor. În sfintele icoane adesea Maica Domnului e reprezentată întinzând brațele spre Zaharia în direcția treptelor, urcând spre Sfânta Sfintelor sau stând pe cea mai înaltă treaptă, la intrarea în Sfânta Sfintelor, primind pâinea cerească de la înger.

Era obiceiul ca fecioarele ce locuiau în templu, când împlineau treisprezece ani să părăsească clădirea sacră și să se căsătorească cu oameni foarte vrednici în ale spiritualității și să consacre primul băiat născut, preoției. Înalții preoți ai templului au ținut sfat ce să facă în situația Sfintei Fecioare Maria, pentru că nu voiau a produce sacrilegiul de a lupta împotriva dorinței de castitate a sfintei dar nici să schimbe obiceiurile din bătrâni. Zaharia s-a rugat îndelungat în altar și a primit răspunsul din partea Domnului. Au chemat pe toți bărbații foarte respectați, necăsătoriți sau văduvi. Fiecare a adus un băț de trestie pe care preotul l-a pus în altar. A doua zi trestia adusă de Iosif din Nazaret a dat floare. Era un bătrân de optzeci de ani, din tribul lui Iuda și casa regală a lui David. Era văduv de un an după un mariaj de 40 ani în care avusese printre alți copii, pe Salomea, viitoarea mamă a fraților Sfinții Apostoli Iacov și Ioan. Iosif a devenit logodnicul Mariei.

Troparul, Condacul și Irmosul Intrării în Templu

Astăzi înainte-însemnarea bunei voințe a lui Dumnezeu și propovăduirea mîntuirii oamenilor, în Biserica lui Dumnezeu luminată, Fecioara, se arată și pe Hristos tuturor îl vestește; acesteia și noi cu mare glas să-i strigăm: Bucură-te plinirea rânduielii Ziditorului.

Prea curată Biserica Mântuitorului, cămara ta cea de mult preț și Fecioară, sfințită vistieria slavei lui Dumnezeu, astăzi se aduce în casa Domnului, împreună aducînd darul Duhului lui Dumnezeu; pe care o laudă îngerii lui Dumnezeu: Acesta este cortul cel ceresc.

Îngerii, intrarea celei prea curate văzând, s-au mirat cum Fecioara a intrat în Sfânta Sfintelor. Ca de un sicriu însuflețit al lui Dumnezeu nicicum să se atingă mâna necredincioșilor, iar buzele credincioșilor, fără tăcere glasul îngerului cântând, cu bucurie să strige: Născătoare de Dumnezeu, bucură-te, cea plină de dar, Domnul este cu tine.

Buna Vestire

Deci Iosif primi pe Maria, după regulile neamului care ziceau: deoarece Fecioara era singura moștenitoare a tatalui său nu va putea fi făgăduită decât unuia din aceeași cetate și trib ca proprietatea să nu se înstrăineze. Această făgăduială obișnuit precedea nunta cu pînă la 12 luni în cazul unei fecioare și, după sfințirea legăturii, cei doi se socoteau ca și căsătoriți, exceptînd contactul fizic. Prețul miresei se plătea la Evrei de obicei cu bani dar putea fi făcut și în ani de muncă (ca Iacov pentru Rașela).

Iosif se duse mai întâi acasă în Betleem ca să orânduiască nunta. Sf. Fecioară, împreună cu cinci dintre fecioarele Templului, Rebeca, Sefora, Suzana, Abigail și Jael, date de preoți ca să-i țină tovărășie, l-a așteptat în casa lui din Nazaret. Apoi Iosif s-a întors și a luat-o, însoțit fiind de fiul său Iacov care era cu inima foarte întristată după pierderea mamei sale, Salomea. Dar Maria, când a intrat în casă, l-a întărit pe Iacov și, de-atunci, lumea a cunoscut-o ca mamă a lui Iacov, așa cum scrie la Luca 24,10. Sf. Fecioară a devenit de asemenea foarte apropiată sufletește de Salomea, fiica lui Iosif, viitoarea femeie mironosiță.

Deci Iosif i-a spus Mariei: "Iată te-am luat de la Templu și acum te las la casa mea. Eu trebuie să mă duc în treaba mea de dulgher dar am să mă întorc. Rămâi cu Domnul." şi a plecat cu unul din fiii săi.

Intre timp sfatul preoţilor a hotărît să aşeze un văl nou la Templu. Mai marele preoţilor a pus să cheme cinci din fecioarele seminţiei lui David. Şi şi-au adus aminte de Maria, nu de mult plecată. Deoarece Zaharia devenise mut după arătarea din altar (Luca 1,22), Samuel i-a luat locul şi le-a zis fecioarelor să tragă la sorţi care va toarce firul aurit, care pe cel albastru de hiacint, care pe cel roşu, care pe cel de in şi care pe cel de purpură pentru valul heruvimilor de la intrarea în Sfânta Sfintelor. Mariei i-a căzut purpura. Preotul i-a spus: deoarece eşti cea din urmă şi cea mai smerită, cea mai tînără dintre toate, eşti vrednică să ţeşi purpura. Aşa că celelalte au prins a o numi Regina fecioarelor. Dar pe cînd vorbeau aşa, unele cu invidie, un înger al Domnului a apărut cu mînie spunîndu-le că aceste vorbe de mărire a Sfintei Maria nu sunt simple vorbe de oameni ci sunt semne de **profeţie**. Fecioarele s-au cutremurat de spaimă şi au cerut iertare Mariei şi să se roage pentru ele.

Viaţa Prea Sfintei, în casa lui Iosif, se petrecea în cea mai mare curăţie, ea fiind fecioară nu numai cu trupul dar şi cu gîndul şi sufletul. Ea era smerită cu inima, măsurată la vorbă, prudentă cu mintea, sârguincioasă cu citirea, avea nădejdea nu la bogăţii ci asculta la cererile săracilor, era stăruitoare cu munca şi modestă în cuvinte. Ea socotea că Dumnezeu judecă gândurile minţii şi nu oamenii (1 Corinteni 4, 4). Niciodată n-a râs de nimeni ci i-a acoperit pe toţi cu dragostea ei. Niciodată nu s-a certat cu nimeni şi nu a disprețuit pe cel mai mic. Nu ieşea din casă decât la Sfânta Slujbă şi atunci însoțită. Era foarte ocupată acasă. Inspira respect şi avea toate virtuțile.

Icoanele care reprezintă pe Sfânta Fecioară o arată îmbrăcată cu tunică albastră cu mâneci lungi (chiton), acoperită de un maphorion roşu tivit cu aur; pe maphorion sunt trei stele - una pe frunte şi celelalte pe umeri, care înseamnă perpetua ei feciorie înainte, în timpul şi după naştere. Tivul de aur este aşa cum spune psalmistul: "Fata împăratului este plină de strălucire înlăuntrul casei împărăteşti; ea poartă o haină țesută cu aur " (Ps.45,13). Monograma de pe icoane citită de la stânga la dreapta este grecească: Mi-Ro (MP) care înseamnă "Mama" (Mitir) şi Theta-Ipsilon (ΘY) care înseamnă "a Domnului" (Theo), adică Mama lui Dumnezeu sau Teotokos.

Aşadar Maica Domnului sta acasă în Nazaret şi lucra firul de purpură pentru Vălul Templului pe când Iosif era ocupat, ca dulgher, cu ridicatul de case pe malul mării. Dumnezeu l-a trimis în a şasea lună (în martie) pe arhanghelul Gavriil în Galilea la locuința Mariei cu poruncă să procedeze cu grijă ca să nu-i tulbure sufletul, căci ea este o fecioară pură şi fără de pată. Există icoane rare, care istorisesc prevestirea: Preacurata ieşită la fântână să ia apă aude o voce **"Bucură-te cea care eşti plină de har căci Domnul este cu tine, binecuvântată fii între femei"** şi cutremurată se întoarce cu găleata în casă să reia lucrul la firul de purpură. Urmează buna vestirea. Icoanele zugrăvesc arhanghelul parcă alergînd (promptitudinea sa dintotdeauna, de purtător al bunelor veşti, ca şi la Daniel - Daniel 8,16,9,21, la Ioachim şi Ana sau la Zaharia - Luca 1,19), în stânga cu ştafeta mesagerului iar cu dreapta arătând spre Sfânta Fecioară în gest de binecuvântare, ţinuta degetelor lui configurând IC XC adică numele Iisus Hristos.

Ingerul nu a trebuit să-şi spună numele cum a fost cu Zaharia, căci Fecioara îl cunoştea. Iconografii înfăţişează pe Sfânta Maria, cu ţesătura purpurie în mână, fie stând în picioare şi primind în tăcere salutul poruncii Impăratului ceresc, fie stând jos cu înţelesul superiorităţii ei faţă de cei mai înalţi îngeri. De-acum Sfânta se va înturna de la ţesătura Vălului Templului din Ierusalem la vocaţia ei de a deveni Templul interior al întrupării Domnului.

Tulburată foarte de cuvintele auzite, Maria se întreba în sinea ei ce putea să însemneze urarea arhanghelului (Luca 1,29), ea care era obişnuită cu feţele îngereşti de pe când îi aduceau mană în templu. Ea nu se înfricoşa nici de vederea lui nici de măreţia luminii lui, ci doar era nedumerită de acest salut. Ingerul i-a zis atunci: 'Nu te teme, căci ai căpătat îndurare înaintea lui Dumnezeu şi iată că vei rămânea însărcinată şi vei naşte fiu căruia îi vei pune numele Iisus' (Luca 1,30-31). Şi totuşi ce spunea stârnea mare mirare: arăta plin de smerenie la fire dar vorbea de Mire, avea glas molcom şi înţelept dar vorbea de nuntă şi de naştere. Dar deşi Prea Curata se tulburase foarte, datorită fecioriei sale, a ascultat în tăcere vestea de taină: 'Duhul Sfînt Se va pogorî peste tine şi puterea Celui Prea Inalt te va umbri. Rugul aprins ce nu se mistuie (focul de pe muntele Sinai pe care l-a văzut Moise - Exod 3,2) a arătat taina ce se va petrece în tine, cea plină de har, căci după naștere, cum rugul a rămas nestins, tu vei rămâne pururea fecioară'. Răspunsul a fost plin de smerenie: 'Iată roaba Domnului, facă-mi-se mie după cuvintele tale.' Acestea s-au întâmplat, cu primirea darului solit de arhanghel, spre mântuirea neamului, spre deosebire de prima Evă care a conceput cu primirea salutului șarpelui, aducând nesupunere și moarte oamenilor.

Icoanele înfățișează toate aceste trei momente importante: apariția Arhanghelului cu salutul ce tulbură Fecioara; perplexitatea și prudența Fecioarei; consințământul Fecioarei, cu un gest de supunere arătat de înălțarea mâinii drepte ca răspuns lui Dumnezeu. Sfîntul Părinte Dimitrie, mitropolitul Rostovului, ne învață că Sfânta Maria I-a fost fiică lui Dumnezeu Tatăl, maică lui Dumnezeu Fiul și Fecioară nenuntită Duhului Sfânt. Iar Sfântul Ambrozie ne spune că Maica Domnului era Fecioară nu numai cu trupul dar și cu duhul. Cu trupul, pentru că și-a păzit floarea curăției sale. Cu duhul pentru că niciodată nu s-a gândit la nuntă, nu s-a lăsat ispitită de gândul dragostei pentru bărbat. Căci atunci când se afla încă la Templu, trăind în Sfânta Sfintelor, și ajunsese la vârsta nunții, arhiereii și preoții o sileau să meargă după bărbat, așa cum fusese lăsată Legea. Dar dânsa, cum citim în Proloage, le zicea lor: "Eu prin născătorii mei am fost închinată lui Dumnezeu din scutece, după care și eu m-am făgăduit a-mi păzi fecioria în veac, deci nu-mi este cu putință a mă însoți cu un om muritor", la care arhiereii tare se minunau fiind că nu se mai aflase până atunci la evrei să-şi făgăduiască cineva lui Dumnezeu fecioria.

Troparul, Irmosul şi Condacul Bunei Vestiri

Astăzi este începătura mîntuirii noastre şi arătarea tainei celei din veac: Fiul lui Dumnezeu, fiu Fecioarei se face şi Gavriil harul îl binevesteşte. Pentru aceasta şi noi, împreună cu dânsul, Născătoarei de Dumnezeu să-i strigăm: Bucură-te cea plină de dar, Domnul este cu tine.

Apărătoarei Doamnă, pentru biruinţă mulţumiri, izbăvindu-ne din nevoi, aducem ţie, Născătoare de Dumnezeu, noi robii tăi. Ci ca ceea ce ai stăpânire nebiruită, slobozeşte-ne din toate nevoile, ca să strigăm ţie: Bucură-te mireasă pururea fecioară!

Binevesteşte pământule bucurie mare. Lăudaţi ceruri mărirea lui Dumnezeu. Ca de un sicriu însufleţit al lui Dumnezeu nicicum să se atingă mâna necredincioşilor, iar buzele credincioşilor, fără tăcere glasul îngerului cîntînd, cu bucurie să strige: Născătoare de Dumnezeu, bucură-te, cea plină de dar, Domnul este cu tine.

Naşterea Domnului

Pe când Fecioara împlinea al doilea trimestru al sarcinii sale, la sfârşitul lui septembrie, Iosif se întoarse acasă în Galilea, din lunga sa călătorie cu construcţii prin Iudea. Venise cu intenţia să se căsătorească cu Maria, cea făgăduită lui. Şi nimeni, în afară de Elisabeta vara Mariei, nu ştia de apariţia îngerului. Văzând că Fecioara purta prunc se tulbură foarte şi, căzând în genunchi, strigă cu durere către ceruri: "O Doamne, primeşte spiritul meu; pentru că este mai bine a muri decât a mai trăi, căci cum aş mai putea privi spre Tine? Ce-aş putea spune privind această tânără femeie? Că am primit-o fecioară la Templu şi nu i-am păstrat curăţenia? Cine a comis această fărădelege în casa mea?" La fel reproşa el şi Sfintei. Iconografia face o paralelă cu momentul dezamăgirii lui Adam după cădere, când Dumnezeu îi reproşează Evei: 'De ce ai făcut aceasta?' (Geneza 3,13). Geaba se disculpă Fecioara cu lacrimi în ochi. Geaba fecioarele ce erau cu ea îi spuseră lui Iosif că nu poate fi decât miracolul Duhului Sfânt. Mânia lui Iosif era ca marea în furtună. Sfânta i-a amintit de vorbele lui Isaiia despre ce era scris în cartea sigilată dată unui om învăţat care se plângea că nu poate citi din cauza sigiliului (Isaiia 29,11), precum şi de profeţia despre virginitatea împlinită în ea (Isaiia 7,14).

Deci Iosif ca să o protejeze şi ca să păzească şi

casa lui de ruşine hotărî să divorţeze, cu o scrisoare înmânată discret Fecioarei, în prezenţa a doi martori. Pedeapsa la Iudei pentru adulter era moartea şi primele pietre erau aruncate de familie. Apocrifele spun că Iosif a cerut, după cum era regula, ca păcatul adulterului să fie dovedit cu apa condamnării; femeii bănuite de necurăţie preotul îi dădea să bea apă pură amestecată cu puţin praf de pe podeaua tabernacolului care, în caz de vinovăţie, aducea mare necaz trupului femeii; iată însă că rezultatul a fost negativ. Oricum, Îngerul Domnului apare, îi explică lui Iosif, îl linişteşte şi îi spune despre numele ce el va trebui să-L dea pruncului care va avea să mântuiască poporul de păcate. Iosif sfârşeşte prin a mări pe Dumnezeu şi lucrarea Lui în Sfânta Fecioară: 'O, prea stălucitoareo, văd o flacără şi o lumină mare lucind în jurul tău (Ezechiel 1,4). Pîntecele tău cast este un cuptor de foc. Voi scoate sandalele ca Moise şi, privind la acest **rug veşnic aprins**, voi zice: Bucură-te, o, Mireasă nemăritată!' (Imaginea Rugului aprins şi niciodată mistuit de foc este dragă Sfinţilor Părinţi, printre care şi Sfântul Ioan Damaschinul, căci Fecioara a purtat focul, adică pe Dumnezeu, în ea, fără ca să fie arsă şi a dat naştere Celui Care a adus lumină în lume dar şi foc: "El vă va boteza cu Duhul Sfânt şi cu foc", spunea despre El Sfântul Ioan Botezătorul - Luca 3,16, iar Domnul Iisus spunea "Eu am venit să arunc un foc pe pământ. Şi ce vreau decât să fie aprins chiar acum!" - Luca 12,49). În continuare Scriptura spune că Iosif nu o cunoscu pe Sfânta Maria **până** când ea nu dădu naştere primului său născut (Matei 1,25).

Oare ce înseamnă acest "până"? Este folosit de Evanghelist nu ca să arate că Iosif a cunoscut-o pe Maria mai târziu, după naștere, căci **ea a rămas pururea fecioară**, ci ca să sublinieze că, înaintea Sfintei Nașteri, Sfânta Fecioară nu a fost atinsă de om. În Biblie se obișnuiește această expresie temporală nedefinită; de pildă - Noe a dat drumul unui corb care a ieșit, ducîndu-se și întorcîndu-se, **până** când au secat apele de pe pământ (Geneza 8,7), ceea ce nu înseamnă neapărat că după ce pământul s-a uscat corbul nu s-a mai întors niciodată la soața sa de pe corabie, ci că poate doar a întîrziat; la fel parțial nedefinită expresie de timp este și în "Înainte ca să se fi născut munții și înainte ca să se fi făcut pământul și lumea, din veșnicie **până** în veșnicie Tu ești Dumnezeu" (Psalm 90,2). La fel în: "Și iată că Eu sunt cu voi în toate zilele **până** la sfârșitul veacului" (Matei 28,20), ceea ce nu înseamnă că după sfârșitul veacului, adică al lumii acesteia pământene, Domnul îi va părăsi pe ucenicii Săi.

De asemenea, **primul său născut** nu înseamnă neapărat că Sfânta Fecioară a născut și alți copii după Mântuitorul. Cu toții știm frumoasa istorisire, intitulată <u>Cântarea Mariei</u>, scrisă de Sfântul Evanghelist Luca despre întâlnirea Fecioarei, viitoarea mamă a Domnului Iisus, cu verișoara sa Elisabeta care purta în pântec pe Sfântul Ioan Botezătorul. "In acele zile, sculându-se Maria, s-a dus de grabă în ținutul muntos, într-o cetate a semínției lui Iuda. A intrat în casa lui Zaharia și a salutat pe Elisabeta. Iar cînd a auzit Elisabeta salutarea Mariei, pruncul a săltat în pântecele ei şi Elisabeta s-a umplut de Duh Sfânt. Cu glas mare a strigat atunci şi a zis: **'Binecuvântată eşti tu între femei şi binecuvântat este rodul pântecelui tău'**. De unde mie aceasta, ca să vină la mine Maica Domnului meu? Căci iată, cum veni la urechile mele glasul salutării tale pruncul a săltat de bucurie în pântecele meu. Fericită este aceea care a crezut că se vor împlini cele spuse ei de la Domnul'. Şi a zis Maria: 'Măreşte sufletul meu pe Domnul şi s-a bucurat duhul meu de Dumnezeu, Mântuitorul meu, că a căutat spre smerenia roabei Sale. Iată, de acum mă vor ferici toate neamurile pentru că mi-a făcut mie mărire Cel Puternic. Sfânt este numele Lui şi mila Lui din neam în neam spre cei ce se tem de El. Făcutu-a tărie cu braţul Său, risipitu-a pe cei mândri în cugetul inimii lor. Coborâtu-a pe cei puternici de pe tronuri şi a înălţat pe cei smeriţi. Pe cei flămânzi i-a umplut de bunătăţi şi pe cei bogaţi i-a scos afară deşerţi. A sprijinit pe Israel, slujitorul Său, ca să-şi aducă aminte de mila Sa, precum a grăit către părinţii noştri lui Avraam şi seminţiei lui în veac.'"

Aşadar Sfânta Fecioară urma să nască, devenind Theotokos, Mama lui Dumnezeu (nu spunem, observă Sfântul Ioan Damaschinul, Mama lui Hristos – "Hristotokos", deoarece Regele David şi Marele Preot Aaron erau şi ei numiţi de Scriptură hristici, adica cei unşi, cei însemnaţi de Dumnezeu). Se făcea recensământul la fiecare 14 ani căci timpul se măsura de la întemeierea Romei sau alegerea Împăratului - *Anno Urbis*

Conditae. Iosif, împreună cu Maria şi cu fii lui, au pornit spre Bethleem. Icoanele zugrăvesc pe Sfînta Maria pe asin privind înapoi spre Iosif care o urmează pe jos. Se spune că Iosif o vedea uneori pe Sfânta tristă, alteori veselă la faţă. Întrebată fiind de ce, Sfânta grăi că doi oameni se luptă într-însa: unul, bucurându-se de naşterea Mesiei şi altul, trist şi prohodind, refuzând să accepte posibilitatea faptului. În oraş venise multă lume şi nu mai era nici un loc la han şi prin case.

Naşterea a fost într-o peşteră. Unele icoane o arată pe Maica Domnului, jumătate şezând, privind de la distanţă respectuoasă la Pruncul Sfânt, ca încă tulburată de miraculoasa Lui apariţie, dar fără vorbe căci ea ţinea toate acestea tainic şi adânc în inima sa. Întunecimea peşterii simbolizează, ca o prezicere, moartea, îngroparea, coborîrea la iad pentru zdrobirea porţilor - evenimente premergătoare Învierii.

Au venit păstorii să adore pruncul, apoi Magii. Aceştia din urmă erau regi din Persia, Arabia şi Egipt, cum spune Sfântul Dimitri din Rostov. Venirea magilor cu darurile este adesea asemănată cu actul rugăciunii: aurul adus de Melchior semnifică Puterea Divină Care în strălucirea Sa este deasupra noastră (rugăciunea de slavă), tămîia lui Caspar închipuie demnitatea Duhului Sfânt şi tăria mirositoare a altarului ce se înalţă spre Ceruri (rugăciunea de cerere), mirul lui Balthasar aminteşte moartea Domnului Iisus (rugăciunea de căinţă).

Ce mare răsplată şi onoare fu naşterea Mîntuitorului în familia lui Iosif! Unul din fii săi va fi ucenic al Domnului (Iuda, fratele lui Iacov). Altul, Iacov (care fusese primul dintre fiii lui Iosif pe care l-a întîlnit Sfânta Fecioară, iubindu-l ca o mamă şi înlocuind astfel pe maica lor moartă, Salomea), va deveni primul Episcop al Ierusalimului (comemorat de biserica noastră la 23 octombrie). Iar o fiică, Salomea, mironosiţă, va da naştere celor doi Apostoli, supranumiţi "fiii tunetului": Iacov şi Ioan. Un frate mai tânăr al bătrânului Iosif era Cleopa, devenit ulterior unul din cei 70 apostoli, al cărui fiu, Simeon, a devenit al doilea Episcop al Ierusalimului şi a murit ca martir.

Acestea au fost puţine cuvinte despre Sfânta Naştere. Ea este prea bine cunoscută şi constituie, alături de Învierea Domnului, cea mai mare sărbătoare a creştinătăţii. Sfânta Fecioară Maria este lăudată în rugăciunea de slavă şi cerere cântată la Naştere şi, dacă o pomenim în Tropar, o pomenim pe dânsa, care întruchipează Biserica care este Mireasa Domnului, în Condac şi Irmos.

Condacul şi Irmosul Naşterii Domnului

Fecioara astăzi pre Cel mai presus de fiinţă naşte şi pământul peşteră Celui neapropiat aduce; îngerii cu păstorii slavoslovesc şi magii cu steaua călătoresc, că pentru noi s-a născut Prunc tânăr,

Dumnezeu cel mai înainte de veci.

Măreşte, suflete al meu, pe cea mai cinstită decât oştile cele de sus. Taină străină văd şi prea slăvită: cer fiind peştera, scaun de heruvimi Fecioara, ieslea sălăşluire, întru carea s-a culcat Cel neîncăput, Hristos Dumnezeu, pe care, lăudându-l, Îl slăvim.

Întâmpinarea Domnului

Primul născut era circumscris a opta zi şi urma să fie adus la Templu şi prezentat lui Dumnezeu. Simeon fusese unul dintre cei 70 învăţaţi evrei puşi să traducă Vechiul Testament din ebraică în greacă, pentru că mulţi evrei, în special cei aşezaţi în părţile Alexandriei, erau vorbitori de limbă elină. Traducerea s-a chemat Septuagintul şi a fost săvîrşită sub domnia regelui macedonean Ptolomeu II (286-246 înainte de Hristos), poreclit Philadelphus, care era un mare bibliofil. Pe cînd traduceau, Simeon a fost frapat de lectura lui Isaiia - 'Iată Fecioara va concepe prunc şi va da naştere unui Fiu care va fi numit Emanuel' (Isaiia 7,14). Intorcîndu-se către ceilalţi învăţaţi, Simeon a spus: 'Aceasta nu este cu putinţă, o fecioară să nască un fiu şi, de asemenea, să poată fi născut Dumnezeu ca om'. In clipa aceea de necredinţă o mînă nevăzută l-a zmucit pe Simeon şi din văzduh s-a auzit o voce zicînd: 'Vei vedea pe Hristos şi Il vei ţine în braţele tale! Nu vei muri pînă ce nu se va petrece aceasta'.

Cum se întâmplă că micul grup în care lucra Simeon porni împreună spre cetatea învecinată locului, ca să cumpere de ale gurii, ajunseră la un mic râu pe care trebuiau să-l traverseze. Simeon, pradă în continuare necredinţei sale, îşi scoase inelul din deget şi-l aruncă în apă spunând: 'Dacă versetul din Isaiia este adevărat atunci am să recapăt acest inel!' Au trecut apa, au ajuns în cetate, s-au dus în târg şi au cumpărat ceva peşte.

Când pregăteau mâncarea, exact peştele pe care l-a spintecat Simeon să-l cureţe avea inelul în măruntaie. Astfel Simeon s-a încredinţat de tăria cuvintelor profetului.

Munca traducerii a continuat şi regele Ptolemeu ca să fie sigur de acurateţea lucrării nu i-a mai lăsat pe cei şaptezeci să lucreze aşa cum erau, pe grupuri, ci i-a separat ca fiecare să lucreze absolut singur şi să compare cele şaptezeci de traduceri. Mare a fost minunea cînd, la sfîrşit, s-a constatat că toţi învăţaţii nu numai că au dat aceleaşi înţelesuri versetelor adesea criptice şi greu accesibile ale Scripturii, necontrazicîndu-se în nici un loc al Sfintei Cărţi, dar au şi folosit exact aceleaşi cuvinte greceşti, deşi nu comunicaseră de loc între ei.

La vremea cînd Maica Domnului şi Sfântul Iosif veneau la Templu cu Iisus era rândul lui Zaharia, tatăl Sfântului Ioan Botezătorul, să slujească ca mare preot în tainiţa altarului, în Sfânta Sfintelor. Primindu-i pe oaspeţi, a poftit-o pe Sfânta Maria în locul rezervat fecioarelor, ceea ce a nedumerit foarte pe ceilalţi preoţi deoarece femeile cu bărbat nu au voie să stea în acest loc de mare curăţie şi cinste. Dar marele preot Zaharia a insistat căci, luminat de Duhul Sfînt, ştia că Sfânta, deşi născuse fiu, rămăsese fecioară. De aici i s-au tras toate necazurile lui Zaharia, inclusiv moartea. Fariseii, mâniaţi şi jigniţi, au dus invidia ce o aveau mai de demult pentru vrednicia preotului Zaharia, până la furiile urii neînduplecate şi s-au dus la Irod convingându-l să pună să-l omoare.

Deci când cei doi părinți cu pruncul au intrat în Templu pășind spre Zaharia, Simeon, care era și el printre preoți, i-a zărit și imediat duhul din el l-a făcut să vadă marea aură de lumină ce îmbăia în strălucire pe mama și pe copilul său. Apoi, luând în brațe pe Iisus, Simeon a înțeles că, de fapt, nu i se prezenta lui copilul adus la Templu ci, de fapt, **el** era prezentat pruncului sfânt. Simeon era de-acum bătrân foarte, așteptând să vină Consolarea neamului lui Israel, obosit de prea multă viață. Simțind că pruncul nu era un prunc obișnuit ci Domnul Dumnezeu a spus: "Acum slobozește în pace pe robul Tău Stăpâne după cuvântul Tău, căci au văzut ochii mei mântuirea Ta pe care-ai pregătit-o să fie înaintea tuturor popoarelor, lumina care să lumineze neamurile și slava poporului Tău Israel" (Luca 2,29-32 – cântare pe care o avem și la slujba vecerniei). El i-a spus Mariei despre ce va face Copilul ei (Luca 2,34), adăugând că "sufletul ei va fi străpuns de o sabie ca să se descopere gîndurile multor inimi" (se referea la suferința pentru Iisus pe cruce și de asemenea că Sfânta Fecioară a devenit Regina universului și Mama lui Dumnezeu). Părinții Domnului, care aduseseră ca jertfă doi porumbei (simbolizând biserica lui Israel și cea a neamurilor și, totodată, pe cele două Testamente al căror unic cap este Hristos), se minunau de lucrurile ce le auzeau. Dar preoții au prins dușmănie și pe el și au hotărât îndată să-l cheme pe Simeon să-l pedepsească pentru comportarea lui. Sorocul lui Simeon însă venise. Vârsta lui Simeon depășise de multe ori lungimea unei vieți de om. A murit în pace.

În icoane este înfățișată și profetesa Ana (Luca 2,36-38) cu capul ridicat, profețind. Dacă Simeon reprezintă legea (numele lui înseamnă 'supunere'), Ana reprezintă harul (înțelesul numelui ei). Intre Simeon și Ana stă Iisus. El lasă pe primul să moară în pace (moartea legii) și încurajează pe cealaltă (viața prin har).

Irod, care era primul rege străin al neamului evreiesc și fusese pus în scaun de romani (Exod 49,10), nu mult după trecerea magilor, a plecat pentru un an la Roma. Intorcîndu-se și simțindu-se jignit foarte de păcăleala magilor, nebun de mânie, a încercat să ucidă familia Pruncului dar nu a aflat-o. Deci a dat poruncă să fie omorâți toți copiii mai puțin de doi ani vîrstă. Ioan, unicul fiu al preotului Zaharia era și el o țintă precisă. De aceea Elisabeta și-a luat copilul și s-a dus să se ascundă în munți. Pentru că era bătrână a obosit însă repede și n-a mai putut să urce. S-a rugat atunci: 'O, munte al Domnului, primește pe mamă și pe copil'. Și muntele pe loc se crăpă și adăposti pe cei doi. O lumină străluci deasupra lor iar un înger se așeză de veghe. Acolo Elisabeta a păstrat copilul ascuns mai multă vreme. Dumnezeu a făcut un izvor să curgă la gura peșterii și, lângă el, un palmier să crească și să rodească de-ale gurii. Cum Sfânta Elisabeta muri curând, Sfântul Ioan a continuat singur viața sa în pustie.

Negăsindu-l pe Ioan cum aveau poruncă de la Irod, stârniți de preoți soldații l-au omorît pe Zaharia în vestibulul Templului lângă intrarea în altar, înainte de răsăritul soarelui ca să nu prindă de veste mulțimea și să se împotrivească.

Despre această moarte glăsuieşte imnul cântat în ziua de 5 septembrie când se face pomenirea Sfântului profet Zaharia. Domnul Iisus Insuşi aminteşte de crimă când mustră pe preoţii şi învăţătorii lui Israel (Luca 11,49-51). Şirul uciderilor a continuat cu bătrânii evrei care îi spuseseră lui Irod unde se va naşte Mesia: între ei era şi marele preot Hyrcanes împreuna cu cei 70 bătrâni din Sanhedrin. Hyrcanes era bunicul soţiei lui Irod, Mariamna, pe care Irod o plăcea mult. Puţin mai târziu a omorât-o şi pe dânsa şi apoi şi pe fiii ei, Alexandru şi Aristobulos. Cu câteva zile înainte de finele vieţii sale proprii, Irod a pus să fie ucis şi fiul său Antipater care, la porunca sa, condamnase pe Alexandru şi Aristobulos. Dumnezeu l-a pedepsit aspru pe Irod pentru crimele sale căci fiind stăpânit de o mare lăcomie la mâncare ulceraţia intestinelor îi provoca un chin continuu. De asemenea sexul său a făcut cangrenă şi viermi. Respira greu şi puţea respingător/ Avea convulsii în picioare şi mâini ce îi dădeau puteri fizice nebuneşti. Când să moară, Irod şi-a adus aminte de mulţii evrei ţinuţi captivi în închisorile regatului. A poruncit să fie toţi măcelăriţi ca toata Iudea să plângă pentru el chiar împotriva voinţei ei. Curând după aceea dementul tiran şi-a pierdut sufletul neomenos şi a fost hărăzit chinurilor veşnice.

Înainte ca Irod să poruncească uciderea pruncilor, un înger s-a arătat în vis lui Iosif şi l-a îndemnat să fugă în Egipt cu copilul Iisus şi cu mama sa (Matei 2,13). Astfel au fugit în puterea nopţii. Era luna martie când au părăsit Iudeea şi a fost iunie când au intrat în Egipet. Pe calea lor, pe când traversau pustiul pe întuneric, din cauza căldurii zilei și a mulțimii de tâlhari ce bântuiau zona, au dat la Basatah (Bubastis sau Tell al-Bastah) peste doi hoți dormind: Dismas și Gestas. Dismas s-a trezit și s-a dus direct la Fecioară, care călărea pe asin, ca să vadă ce comoară strângea la piept.

Zărind pe pruncul Iisus s-a minunat de frumusețea Lui și a exclamat: "Dacă Dumnezeu ar fi luat trup omenesc El nu ar fi putut fi mai frumos decât copilul acesta!" Întorcându-se la Gestas l-a rugat să-i lase să treacă fără să le facă niciun rău. Dar pentru că Gestas nu a consimțit, Dismas i-a dat 40 drahme din buzunarul lui de hoț precum și chimirul său, numai ca să-l convingă să nu-i vateme și nici să producă zgomot să-i trezească pe alți tâlhari. Maica Domnului, plină de recunoștință, i-a mulțumit lui Dismas promițându-i că se va ruga Fiului ei să-l răsplătească cu prisosință pentru fapta de acum și ca Domnul Dumnezeu să-l primească la dreapta Sa, dându-i iertare pentru păcate. Și iată s-a întâmplat că, treizeci de ani mai târziu, la crucificarea Fiului ei și Dumnezeului lumii, au fost exact acești doi hoți cei care au fost pironiți pe cruce alături de Hristos - Dismas la dreapta și Gestas la stânga, iar Dismas, pentru că s-a pocăit pe cruce, a mers în paradis în aceeași zi cu Domnul Iisus (Luca 23,43).

Când au ajuns la așezarea care azi se numește Al-Matariyah, la nord est de Cairo, lângă Heliopolis, Iosif s-a dus să caute o colibă lăsând pe Maica Domnului cu Iisus osteniți foarte la adăpost sub un smochin care și-a aplecat ramurile să-i păzească de dogoarea deşertului. Prin minune dumnezeiască un izvor a început a curge sub pom şi Fecioara a putut spăla şi răcori Pruncul. Este singurul izvor ce poate fi găsit în Egiptul de Jos astăzi, căci toată cealaltă apă nu este decât felurimea de braţe mai mici sau mai mari ale Nilului. O plantă numită balsam a prins să crească pe malul izvorului, răspândind bogată, dulce şi aleasă mireasmă. Mai târziu uleiul extras din plantele de balsam care au prins să crească în acest loc de pustiu devenit grădină a fost exportat pentru regii creştini din Etiopia, Grecia şi Franţa. Deşi după o vreme pămîntul a încetat să mai producă balsam, locul a continuat să fie venerat şi venerat este şi acum. Smochinul sub care a stat Maica cu Pruncul Sfânt a îmbătrânit şi s-a cocârjat, uscându-se complet pe la anul 1656. Un alt smochin a fost plantat în loc dar şi acesta, la rîndul lui, s-a prăbuşit, prin anul 1906. cu toate acestea un lăstar încă mai trăieşte şi astăzi. Mândreţea grădinilor Matariei, udate printr-un sistem de fântâni derivate din izvorul de sub smochin, este şi azi admirată de mulţi credincioşi ce vin la acest loc sacru unde mulţi bolnavi s-au tămăduit bând apa.

Troparul, Condacul şi Irmosul Întâmpinării Domnului

Bucură-te, ceea ce eşti cu dar dăruită, Născătoare de Dumnezeu Fecioară, că din tine a răsărit Soarele dreptăţii, Hristos Dumnezeul nostru, luminând pe cei din întuneric; veseleşte-te şi tu, bătrânule drepte, cel ce ai primit în braţe pe Slobozitorul sufletelor noastre, care ne-a dăruit nouă şi învierea.

Cel ce ai sfinţit pântecele Fecioarei cu naşterea Ta şi mâinile lui Simion le-ai binecuvântat precum se cădea, întâmpinând, şi acum ne-ai mântuit pe noi, Hristoase Dumnezeule; pentru aceasta împacă lumea întru războaie şi întăreşte pe care l-ai iubit, Unule iubitorule de oameni.

Născătoare de Dumnezeu, nădejdea tuturor creştinilor, acoperă, apără, păzeşte, pe cei ce nădăjduiesc spre tine. În lege, în umbră şi în Scriptură închipuire vedem noi credincioşii; toată partea bărbătească ce deschide pântecele, sfânt lui Dumnezeu este; deci pe Cuvântul, cel mai înainte născut, Fiul Tatălui, celui fără de început, cel dintâi născut din Maică, fără ispită bărbătească, îl mărim.

Domnul Iisus în Templu și evenimentele postmergătoare

Galilea, la vremea vieții lui Iisus, nu era numai cea mai fertilă și populată țară a Israelului dar și un puternic centru industrial și un nod al marilor drumuri comerciale. Evreii aveau în minte Galileea când citeau cele promise în Deuteronom 8,7-8: "Căci Domnul, Dumnezeul tău, are să te ducă într-o țară bună, țară cu pâraie de apă, cu izvoare și lacuri, care țâșnesc din văi și din munți; țară cu grâu, cu orz, cu vii, cu smochini și cu rodii; țară cu măslini și cu miere..." Țara era foarte populată, cu aproape 200 orașe și sate, încât mulțimile ce aveau să-L urmeze pe Mântuitorul erau numeroase. Unsprezece din ucenicii Domnului erau galileeni. Galileenii aveau de asemenea reputația de oameni curajoși. În răzmerița evreilor contra Romei din anii 66-70 după Hristos ei au fost cei mai febrili luptători pentru libertate, cea mai sângeroasă bătălie săvârșindu-se pe pământ galilean când peste 150 de mii de luptători ai ținutului au murit eroic.

Dar din doua motive galileenii erau antipatizați de ceilalți și chiar luați în râs: din cauza înclinării lor veșnice spre zarvă și rebeliune, precum și din cauza vorbirii lor. Deși dialectul iudeilor (locuitorilor Ierusalimului) era departe de a fi curat, poporul galileean excela prin neglijența limbajului, încărcat cu greșeli gramaticale și de pronunțare. Să ne aducem aminte că Sfântul Petru, care era de loc din Betsaida Galileii, în noaptea prinderii Domnului, când de frică tăgăduia că era unul dintre ucenici, a fost la un moment dat în pericol să fie descoperit datorită felului vorbei sale (Marcu 14,70).

În anul 4 înainte de Hristos Galilea a căzut sub stăpânirea lui Irod Antipa care a făcut capitala pe țărmul vestic al Mării Galileii, capitală denumită Tiberias după numele împăratului roman. Orașul Nazaret era cuibărit la poale de munte (în acea vreme munții și dealurile erau bine acoperite de vegetație lemnoasă), la jumătate cale între Marea Galileii și Muntele Carmel, și constituia unul din marile centre religioase iudaice, cu preoți de cel mai înalt rang și cu intensă viață de templu.

Locuințele de obicei erau cam așa: din stradă se intra mai întâi într-o curte - pe o parte erau camerele pentru alimente si furaje, pe cealaltă grajdul de vite iar în fundul curtii era locuința. Casele erau pătrate, cu acoperiș plat unde ducea o scară exterioară și erau construite din pietre negre de bazalt în loc de blocuri albe de calcar cum erau în alte locuri ale Palestinei. Ele aveau o singură fereastră, mică, înaltă și fără geam, doar închisă cu un grilaj de lemn, acoperită iarna cu o bucată de piele sau pânză. Spațiul ușilor dintre camere era acoperit cu perdele. Lumina venea în casă ziua pe fereastră și pe ușă; seara se aprindeau opaițe cu ulei. Podelele erau de lut, acoperite cu rogojini. Datorită întunericului și stării podelelor evanghelistul spunea că era greu de găsit o monedă pierdută pe jos (Luca 15, 8). Vara, în nopțile fierbinți, se dormea pe acoperiș;

tot pe acoperiş se uscau produsele agricole. Uşile de la intrare erau de lemn şi aveau pe stâlpul de prindere o cutie, *mezuzah*, conţinând mici fragmente din Deuteronom care aminteau de prezenţa lui Dumnezeu şi ieşirea din Egipt. Când evreul intra în casă săruta mai întâi cutia aceasta sfântă.

Respectul şi fidelitatea oamenilor pentru religie erau extrem de puternice. Evreii purtau filactere, una la frunte şi una pe braţul stâng, care erau necesare la rugăciuni (cea de pe frunte conţinea textele din Exod 13,1-3 & 11-16 şi Deuteronom 6,4-9 & 11,13-21). Pe vremea maturităţii Domnului Iisus fariseii deveniseră foarte formali astfel că Mântuitorul îi mustra cu asprime ("Toate faptele lor le fac pentru ca să fie văzuţi de oameni. Astfel îşi fac filacterele late, îşi fac poalele veştmintelor cu ciucuri lungi; umblă după locurile dintâi la ospeţe şi după scaunele dintâi în sinagogi..." - Matei 23,5-6). Postul era un obicei important în viaţa evreilor. Când era post se purtau haine de sac, cenuşă pe cap, mâini nespălate şi capul neuns (amintiţi-vă de poveţele Mântuitorului despre noua credinţă, menţionate în Matei 6,16-18). Trei sărbători ale anului erau foarte importante când se făcea pelerinaj la Templul din Ierusalim: Paştele (Passover), Sărbătoarea Săptămânilor (Rusaliile) şi Sărbătoarea Tabernacolelor.

Familia lui Iisus îşi ducea viaţa în această atmosferă şi ambianţă. După întoarcerea din Egipt, bătrânul Iosif şi-a reluat în Nazaret meseria de dulgher şi Iisus adesea îl ajuta la lucrul lui. Din mariajul lui Iosif cu Salomea, care era fiica lui Haggai, fratele preotului Zaharia (tatăl Sfântului Ioan Botezătorul), rezultaseră mulți fii și fiice. Majoritatea acestora, frați și surori vitrege pentru Iisus și mult mai în vârstă, s-au căsătorit astfel că-și aveau propriile lor case și familii. Între ei era și Salomea, fiica lui Iosif numită astfel după numele mamei sale, care s-a măritat cu Zebedei și a născut doi fii, Iacov și Ioan, "fiii tunetului" și viitori Apostoli. Acasă mai rămăseseră doar doi frați vitregi, Iuda și Iacov. Sfântul Evanghelist Marcu spune cum oamenii se întrebau, mai târziu, ascultându-L pe Domnul Iisus predicând: "Nu este acesta tâmplarul, feciorul Mariei, fratele lui Iacov, al lui Iose, al lui Iuda și al lui Simon?" (Marcu 6,3). Deci iată câteva nume din frații vitregi ai Domnului care sunt pomeniți în grup și de Sfântul Evanghelist Matei (12,46-50).

Unii oameni tăgăduiesc sfințenia și virginitatea Maicii Domnului considerând că ea a născut alți copii după ce L-a născut pe Domnul Iisus din Duhul Sfânt. Toți "frații" pomeniți în Biblie **sunt frați vitregi**, proveniți din prima căsătorie a lui Iosif. Ba mai mult, deoarece în ebraică și aramaică nu există un cuvânt distinctiv pentru veri, cuvântul ebraic *'ah* (frate) este folosit în Vechiul Testament pentru toți verii. Septuagintul (versiunea greacă a Bibliei) a folosit cuvântul *adelphos* (frate) pentru veri sau *anepsios*, care în greaca modernă a căpătat semnificația de nepot de unchi. Deci o altă sursă de confuzii. În concluzie, așa cum observa corect Sfântul John Maximovici, episcop de Șanhai și San Francisco, sub numele de "frați ai Domnului" se ascund toți frații vitregi și verișorii și nepoții Lui, și nicidecum frați uterini.

Copilul Iisus "creștea și se întărea, era plin de înțelepciune și harul lui Dumnezeu era peste El" (Luca 2,40). Întâia educație era primită de la mamă, care îi citea din istoria triburilor evreiești și îl învăța pe copil rugăciunile. Tatăl avea să-l învețe legea (Deuteronom 6,7-9). Pe vremea aceea erau deja clase organizate, conduse de preoți care extindeau rolul părinților în educație (de atunci a rămas adresarea către preoți cu vorba "părinte") și care cuprindeau învățături din Deuteronom, Levitic, Numeri, Psalmii 112-117 și Geneza 1-5. Limba greacă era de asemenea studiată.

În timpurile faptelor din Noul Testament băieții la 13 ani deveneau *bar mitzvah*, adică fii ai legii sau poruncii. Apoi cei mai vrednici erau îndrumați spre școala rabinică. Deja la vârsta aceasta băieții deveneau eligibili de a face parte din cei zece oameni de ispravă care puteau întemeia o nouă sinagogă.

Era un obicei ca Sfânta Fecioară să vină împreună cu Sfântul Iosif în fiecare an de Paștele Evreiesc la Ierusalim să se închine în Templu (Luca 2,41). Drumul de la Nazaret la Ierusalim nu era lesne de parcurs. Cea mai scurtă cale trecea prin vechea Samarie dar ea era de obicei evitată datorită vrăjmășiei dintre iudei și samarineni. Astfel că cei mai mulți pelerini luau drumul lung ce ducea spre Perea, ținut de-alungul râului Iordan, pe malul său stâng. Ei dormeau prima noapte în Beth Shean (Scytopolis), un înfloritor oraș roman din

Decapolis. A doua zi treceau râul și coborau o vale lungă până la cinci mile nord de Marea Moartă, unde poposeau în oaza Ierihonului. De aici începea a treia zi de 13 leghe (mile) sub soarele arzător al deșertului Iudeii, în continuu urcuș la Ierusalim de la 250 m la 823 m deasupra nivelului mării (să ne amintim de pilda samarineanului milostiv unde se spunea că "un om *se cobora* din Ierusalim la Ierihon", Luca 10,30). Așadar după un lung drum de trei zile, de peste șaizeci de leghe (peste 100 km) călătorii ajungeau în cetatea Domnului. Înainte de ea se opreau la două mile depărtare în Betania să se suie pe Muntele Măslinilor de unde se deschidea o magnifică vedere spre Templu și apoi coborau prin grădina Ghetsimani și valea pârâului Kidron și intrau în cetatea sfântă.

Maica Domnului și Sfântul Iosif au venit deci și în anul când Domnul Iisus avea vârsta de doisprezece ani, ca să sărbătorească praznicul Paștelor. După ce au trecut zilele praznicului s-au întors acasă. Dar "băiatul Iisus a rămas în Ierusalim. Părinții Lui nu au băgat de seamă lucrul acesta. Au crezut că este cu tovarășii lor de călătorie" (căci mergeau mai mulți în grup, pe jos și pe asini și adesea femeile se însoțeau între ele, bărbații între ei și copiii între ei sub grija unor adulți). "Au mers cale de o zi și L-au căutat printre rudele și cunoscuții lor. Dar nu L-au găsit și s-au întors la Ierusalim să-L caute. După trei zile L-au găsit în Templu șezând în mijlocul învățătorilor, ascultându-i și punându-le întrebări. Toți care-L auzeau rămâneau uimiți de răspunsurile Lui" (Luca 2,41-47).

Deoarece legea era ca toți credincioșii să plece la amiaza celei de a treia zi a praznicului, în templu nu mai rămăseseră decât doctorii, bătrânii și învățații tribului Israel. Acestora le vorbea băiatul de doisprezece ani care era Domnul Iisus la acea vreme. Din sursele apocrife știm că Domnul i-a intrebat pe înțelepți: "Al cui fiu este Mesia?". Ei I-au răspuns: "Al lui David". Apoi El le-a zis: "De ce atunci David Îl numește Domn, când spune 'Domnul a spus Domnului meu stai la dreapta Mea până voi face vrăjmașii Tăi așternut pentru picioarele mele?'" (Psalm 110,1). Acest dialog avea să se repete și mai târziu, cu fariseii, la vremea când Domnul propovăduia (Matei 22, 41-46) și când oamenii nu se mai minunau de înțelepciunea unui om de 33 ani, renunțând adesea a-L mai iscodi cu întrebări încuietoare. Dar în discuția de acum, cu copilul de doisprezece ani, vorbele lui Iisus sunau uluitor. Deci rabinul cel mare L-a întrebat: "Ai citit oare deja cărțile sfinte?" Iisus a răspuns afirmativ și a început să le explice cărțile legii, preceptele, statuturile, misterele, profețiile, lucruri pe care mintea niciunui om nu le putea ajunge. Uitându-se la făptura lui puțină și uluiți de învățătura sa extraordinară, bătrânii înțelepți au sfârșit însă prin a da crez mai mult vârstei fragede decât cuvintelor lui, așa că, în cele din urmă, s-au îndoit de toate cele auzite.

Sfântul Ioan Gură de Aur observă că, dacă Domnul nu este descris de evangheliști că a săvârșit minuni în copilăria Sa, acest eveniment al convorbirii cu bătrânii înțelepți ai Templului este ceva covârșitor – este o minune. Iar Sfântul

Ambrozie scrie cum că "după trei zile Domnul a fost aflat în templu ca un semn că după trei zile ale patimilor Sale va învia; El, Care a fost [crezut predut şia fost găsit, a fost] crezut mort, [dar după trei zile] se Va arăta credinţei noastre pe Scaunul ceresc înconjurat de glorie divină".

Cănd Maica Domnului şi Sfântul Iosif I-au reproşat absenţa, El le-a răspuns: "De ce m-aţi căutat? Oare nu ştiaţi că trebuie să fiu în casa Tatălui Meu?". A fost prima dată când Evanghelia a menţionat că Domnul Iisus Şi-a spus adevărata Sa natură. Dar nimeni nu a înţeles spusele Lui (Luca 2,49-50).

"Şi Iisus creştea în înţelepciune, în statură şi era tot mai plăcut înaintea lui Dumnezeu şi înaintea oamenilor" (Luca 2,52). Acest aparent process de "creştere" era necesar căci oamenii nu L-ar fi înţeles pe Domnul dacă întruparea Lui nu ar fi respectat legea firii umane de a nu avea mai multă înţelepciune decât poate purta vârsta. Cum spune Sfântul Chiril din Alexandria, nu ca Cuvânt devenea copilul Iisus tot mai înţelept (căci Fiul lui Dumnezeu, Cuvântul, era perfect cum era şi Dumnezeu Tatăl) ci ca natură umană. De aceea înţelepciunea Lui se dezvăluia treptat oamenilor, o dată cu creşterea staturii trupului. Întâlnirea cu bătrânii templului, petrecută cu copilul Iisus a fost doar un semn pentru cei care puteau să priceapă, ca să-i pregătească pentru mai târziu. Aşa cum şi Maica Domnului păstra adânc în inima ei toate cuvintele despre Dumnezeu (Luca 2,51) pătrunzându-se de înţelesul lor tainic, aşa cum făcuse şi cu cuvintele despre patimile şi slava Domnului ce au fost spuse de Sfântul

Simeon când părinții au adus pruncul Iisus la templu pentru prima oară (Luca 2,34-35).

A venit apoi timpul pentru bătrânul Iosif să moară. Și-a presimțit sfârșitul și s-a dus la Ierusalim la templu să se roage ca Dumnezeu să-i trimeată pe Arhanghelul Mihail ca să-i păzească sufletul în momentul plecării din această lume. S-a rugat de asemenea pentru iertarea păcatelor sale. Apoi s-a reîntors la Nazaret și, îndată cuprins de boală, a căzut la pat. Ultima spovedanie a bătrânului a fost făcută în fața lui Hristos Însuși. Venind la căpătâiul patului său, Domnul Iisus i-a spus: "Cinste ție, tatăl Meu Iosife, om drept". Iar Sfântul Iosif I-a răspuns: "Slavă Ție, iubitul meu Fiu. În adevăr agonia și frica de moarte mă apasă. Dar de îndată ce am auzit glasul Tău, sufletul meu și-a aflat odihnă. O Iisuse din Nazaret! Iisuse, Salvatorul meu! Iisuse, mântuitorul sufletului meu! Iisuse, ocrotitorul meu! Iisuse, cel mai dulce nume pe buzele mele, si pe buzele mele tot ce iubesc mai mult! Oh, Ochi care vezi și Ureche care auzi, auzi-mi vorbele! Sunt robul Tău și astăzi mă plec cu umilință înaintea Ta și în fața feței Tale îmi șiroiesc lacrimile. Tu ești pe de-a întregul, Dumnezeul meu!" Iisus a închis ochii tatălui Său vitreg. El l-a îngropat în mormântul regal din Valea lui Iosafat de lângă Ierusalim, după ce l-a îmbrățișat și plâns îndelung. După Sfântul Epiphanios din Cipru, bătrînul Iosif avea o sută zece ani.

Înainte de a muri, Sfântul Iosif a început să împartă pământul său copiilor născuți din el și Salomea. A dat o parte și Domnului Iisus, născut supranatural din Sfânta Fecioară. Trei dintre fiii lui Iosif nu au vrut să accepte această împărțeală, socotind cu avariție că, deoarece Iisus este născut din altă mamă, nu I se cuvine nici o moștenire. Doar Iacov, viitorul episcop al Ierusalimului, a acceptat ceea ce hotărâse tatăl său. Mai târziu Iude s-a căit pentru lăcomia sa și pentru îndoielile sale privind sfințenia Domnului, și a devenit unul din discipolii Lui. Dar, în smerenia sa, niciodată nu a lăsat lumea să-l numească ca pe Iacov, "fratele Domnului", ci a rămas Iude, "fratele lui Iacov".

Ziua când Domnul Iisus, copil de doisprezece ani, a vorbit cu înțelepții din templu, relevându-le Cuvântul Tatălui, și le-a dat a înțelege Sfântului Iosif și Sfintei Fecioare Ființa Sa Dumnezeiască Care sta în casa Tatălui Său, se comemorează în calendarul nostru la jumătatea celor patruzeci de zile dintre Sărbătoarea Paștelui și Înălțare.

Rugăciune către Domnul Iisus și către Maica Domnului

Stăpâne Doamne Iisuse Hristoase, Dumnezeule adevărat, Împărate prea înalt, prea sfânt, prea bunule și milostive. Cuvânt de-a pururea vecuitor al lui Dumnezeu și Tatăl Cel fără de început Făcător a toată zidirea, iar al omenirii înnoitor prin iubirea Ta de oameni cea nemărginită pentru care Te-ai făcut părtaș trupului și sângelui nostru și ai săvârșit curat iconomia cea negrăită și mai presus de fire. Păzeşte Iisuse al meu prea dulce, reuşită şi necurmată viaţa binecinstitorilor creştini şi adevăraţilor robi ai bu-nătăţii Tale îndelungate (Din rugăciunea patriarhului Constantinopolului, Ghenadie Scholarios).

Prea neprihănită Maică a lui Dumnezeu, care eşti mai presus de toată mintea şi cuvântul, Prea Sfântă Fecioară care covârşeşti toată fecioria, ca ceea ce şi mai înainte de dumnezeiasca naştere ai fost Fecioară mai presus de toate fecioarele şi întru naştere şi după naştere la fel ai rămas. Adevărat Stăpână cu totul binecuvântată să nu întorci deşarte rugăciunile mele cele nevrednice şi prea ticăloase ci, şi în viaţa aceasta şi în vremea ieşirii ticălosului meu suflet şi la înfricoşata Judecată ce va să fie, fii de faţă, ajutându-mi, şi de toate cele urâte izbăvindu-mă (Din rugăciunea patriarhului Constantinopolului, Ghenadie Scholarios).

Patimile Domnului și evenimentele postmergătoare

Deși în toată activitatea de doi ani și jumătate a Mântuitorului, Theotokos a stat în umbră, ea L-a urmărit cu sufletul și gândul pretutindeni. Faima Lui creștea pe măsură ce predica și vindeca în Galilea și Iudea dar ea, cu inima-i de mamă, Îi purta de grijă căci știa că adesea "Fiul omului n-are unde-și odihni capul" (Matei 8,20; Luca 9,58). În societatea evreiască a primului secol femeile circulau mai liber între sate decât între orașe, deoarece femeia trebuia să se îngrijească de casă și de gospodărie. Activitățile publice se făceau de către femei doar atunci când era neapărat necesar și și atunci cu multă sfiiciune și prudență. Căci expunerea în societate punea femeile în pericolul de a fi acuzate de promiscuitate. Femeile respectabile nu călătoreau niciodată singure și nu-și purtau părul nelegat și neacoperit. Din când în când totuși, Maica Domnului mai risca drumețind, ca să vadă din umbră pe Fiul ei vorbind mulțimilor. Ea era și printre femeile care îl îmbărbătau pe El și pe ucenici (Marcu 15,41; Luca 8,1-3). Desigur femeile care drumețeau în urma ucenicilor călătoreau în grup ca să nu fie expuse criticii mulțimii. Mântuitorul nu considera imorală participarea femeilor dar El pricepea prejudecățile iudeilor și de aceea îi mustra: "Dar Eu vă spun că orișicine se uită la o femeie ca s-o poftească a și preacurvit în inima lui" (Matei 5, 28).

Maica Domnului păstra adânc în suflet proorocirea lui Simeon despre sabia suferințelor (Luca 2, 35) dar ea nu se îndoia că El, ca Dumnezeu, va învia din morți. Tot șirul patimilor a fost urmărit cu mare durere și participare. Un imn cântat în Sfânta și Marea Joi spune cum fiecare parte a trupului Domnului Iisus a suferit: "Capul Tău, spinii; fața Ta, scuipările; obrajii Tăi, pălmuiri; gura Ta, gustul oțetului amestecat cu fiere; urechile Tale, ocări nerușinate; spatele Tău, biciuiri; mâna Ta, trestia; întregul Tău trup, crucificarea; încheieturile Tale, cuiele; coasta Ta, sulița; o, Tu care ai suferit atât pentru noi și ne-ai eliberat de suferință. O, prea puternice Mântuitorule, miluiește-ne pe noi." Pe când Domnul Iisus suferea, inima Maicii Sale era toată o rană sângerândă deși credința nu a părăsit-o nici o clipă. "Să Te urmez, copilul meu sau să Te aștept? Spune-mi un cuvânt, Tu care ești Cuvântul. Nu trece pe lângă mine în tăcere, o Tu care m-ai păstrat curată, căci Tu ești Fiul meu și Dumnezeul meu" (din cântările din Joia Mare).

"Toată creația s-a scuturat cu frică/ când Te-a văzut atârnând pe cruce, o Hristos./ Soarele s-a întunecat/ Și toate temeliile pământului s-au cutremurat./ Toate lucrurile au suferit împreună cu Creatorul tuturor./ O Doamne care de bună voie ai suferit pentru noi, slavă Ție." Maica Domnului era în mare jale dar jalea nu a clintit-o. Ea a rămas tare, veghind lângă crucea

Domnului, după cum spune Sfântul Ioan Evanghelistul (19,25). Toți din jur Îl numeau răufăcător și Îl batjocoreau și ea stătea în picioare lângă Sfânta Cruce, binecuvântându-L și plângând în tăcere pentru El. Nu doar trupul ei stătea drept dar și sufletul îmbărbătat de speranță. Conduita ei era emoționantă și nobilă - văzuse locul ei în planul lui Dumnezeu pentru mântuirea omului, citise despre ea în profeți, vorbise cu îngerii mesageri ai Domnului. Știa că tot ce venea acum asupra ei era de la Dumnezeu și nu se revolta sau deznădăjduia în mare durerea ei. "Chiar dacă ai suferit crucificarea, Tu ești Fiul meu și Dumnezeul meu" (din cântările Vinerei Mari).

Iisus îi spuse: "Nu te lăsa luată de jale, O Mamă, și pășește în bucurie. Mă grăbesc să fac lucrarea pentru care am venit: să împlinesc voia Celui ce M-a trimis (Ioan 6,38). Dintru începuturi mi-a fost aceasta dat Mie de către Tatăl Meu. Niciodată nu i-a displăcut spiritului Meu să devin om și să sufăr pentru cei căzuți. Grăbește, O Mamă, să spui oamenilor: iată prin suferință El lovește dușmanul lui Adam și, învingându-l, vine în slavă, Fiul și Dumnezeul meu." "Îmi voi înfrânge durerea, copilul meu. Nu voi jeli când voi fi singură în odaia mea iar Tu - rămas afară pe Cruce. Eu în căsuța mea, Tu în groapă. Dăruiește-mi ca să vin cu Tine căci mult doresc să privesc la tine (Ioan 3,14; Numeri 21,8). Știu că Moise a făcut un șarpe de aramă și l-a pus pe un stâlp ca aceia mușcați privind la el să fie vindecați și **să trăiască**, dar cei orbi s-au răzbunat pe Moise și acum vin să Te omoare pe

Tine. Moise a spus lui Israel că vremea va veni când ei vor vedea Viața atârnând pe arbore (Deuteronom 28,66). Dar cine este Viața? Este Fiul meu și Dumnezeul meu", îi răspunse Maica. "De Mă urmezi, atunci nu plânge, O Mamă. Nu fii întristată când vei vedea părțile universului spulberându-se, căci o faptă atât de nepăsătoare și îndrăzneață rănește adânc toată creația. Bolta cerului va orbi și nu-și va căpăta vederea până am să-i spun (Matei 27,45; Marcu 15,33; Luca 23,44). Templul își va sfâșia perdeaua în fața acestor fapte de mare nesăbuință. Munții se vor clătina, mormintele se vor deschide. Când vei vedea acestea de tu, ca femeie, te vei înfricoșa, să strigi tare 'Cruță-mă Fiul și Dumnezeul meu'" (din cântările Sfântului Romanos din Săptămâna Mare).[1)]

După moartea lui Hristos, apropierea apusului și căderea serii făceau dificilă ucenicilor, nepregătiți chiar dacă unora le revenise curajul, organizarea rapidă a îngropării Domnului înainte de începerea Sabatului (fiindcă de Sabat nu se puteau face înmormântări). Dar Iosif din Arimatea, care până atunci stătuse de o parte, văzând grozăvenia celor întâmplate, s-a întărit în credință și dragoste și a prins îndrăzneală. Dumnezeu a vrut ca onoare deplină să fie dată numelui de Iosif, căci un alt Iosif a fost de față la celălalt capăt al vieții Mântuitorului - la nașterea în peșteră ("Când ai fugit în Egipt/ Iosif Te-a păzit Doamne/ Și-acum alt Iosif Te îngroapă" - prohodul, starea treia). El, Iosif din Arimatea, o bine cunoscută și foarte distinsă persoană, membru al Consiliului, risca persecuția sau moartea, arătându-și simpatia pentru o "cauză pierdută".

Reflectând asupra pildei de curaj a lui Iosif ne putem gândi la conformismul și lașitatea intelectualilor trăind o viață dublă în societățile comuniste - ateism în afară și credință înăuntru. Ca în vremea Domnului Iisus când, după ce Hristos a strigat 'Tată proslăvește Numele Tău!' s-a auzit un tunet din cer: "L-am proslăvit și-L voi mai proslăvi". Unii zis-au că un înger a vorbit cu El, alții că a fost un tunet (Ioan 12,28-29). Intelectualii însă au înțeles precis Semnul și "mulți au crezut în El. Dar, de frica fariseilor, nu-L mărturiseau pe față ca să nu fie dați afară din sinagogă; căci au iubit mai mult slava oamenilor decât slava lui Dumnezeu" (Ioan 12,42-43).

Curajul lui Iosif din Arimatea l-a molipsit și pe binecuvântatul Nicodim, un fariseu și un om de lege între iudei (membru al Curții celor 70 bătrâni), știut ca Sanhedrin (unul din cele mai înalte corpuri religioase la evrei). El este cel ce venise pe furiș, noaptea, la Domnul, ca ucenic în taină (Ioan 3,1-13) și care încercase să-l apere în fața Sanhedrinilor, chemând la dreptate și echitate dar expunându-se criticii lor dușmănoase (Ioan 7,51-52). "Cercetează bine și vei vedea că din Galilea nu s-a ridicat nici un prooroc", i-au zis atunci fariseii (ironia face că erau de fapt niște ignoranți căci proorocul Iona s-a născut la Gat-Hefer, după cum scrie la 2 Împărați 14,25, iar Gat-Hefer se afla în ținutul Zebulon din Galilea de Nord, adică la numai cinci mile nord de Nazaret!).

Nicodim a adus un amestec de smirnă şi aloe (Ioan 19,39) ce aminteşte spusele profetului "Smirna, aloia şi casia îţi umplu de miros plăcut toate veştmintele "(Ps.44,7/Ps.45,8). Smirna este simbolul îngropării, aloia este o formă foarte rafinată de mir. Când iarba aromatică este strivită, partea lichidă este aloia şi ce rămâne, dens, constituie smirna. Casia este o foarte delicată şi mirositoare scoarţă ce se cojeşte foarte greu de pe trunchiul copacului. Sfântul Vasile comentând psalmul citat zice - "mirul din cauza îngropăciunii, aloia din cauza trecerii în lumea de jos (căci fiecare strop cade în jos) şi casia, drept desprindere a cărnii de pe lemnul Crucii."

"Când ai coborât de pe cruce, o Doamne/ Frică şi cutremur a căzut peste creaţie./ Tu, care ai interzis pământului să înghită pe cei ce Te-au răstignit/ şi ai ordonat iadului să-şi elibereze captivii/ pentru reabilitarea morţilor,/ O Judecătorule a celor vii şi morţi,/Tu, ai venit să le dai viaţă nu moarte./O Iubi-torule de oameni, slavă Ţie!" (din cântările Joii Mari).

Cei doi oameni bogaţi, Iosif şi Nicodim, au acoperit corpul cu mirodenii şi ulei, care în urma înfăşurării corpului cu straturi de bandaj alb, aderau strâns de trup, făcând în acelaşi timp din bandaje un înveliş tare ca un cocon. O scufie a fost ataşată la cap şi falca legată cu un bandaj strâns sub bărbie. Corpul a fost cărat pe o targă de lemn la mormânt.

Sfântul Simion Metafrastes a scris în sec. IX "Lamentaţiile Maicii Domnului la înveştmântarea trupului". Maica Domnului se jelea astfel:

"Care mădular al scumpului Tău trup a scăpat chinului? O, divin pinaclu! Spinii ce i-ai primit mi-au străpuns inima! O, capul sfânt pentru care nu ai găsit loc să-l așezi, acum zace în mormânt. O, cap iubit care a fost lovit cu trestii! O, obraji care au fost pălmuiți! O, gură care a fost o comoara de miere! O, buze care nicicând nu au mințit! O, mâini care l-au creat pe om ca apoi să fie țintuite pe cruce și acum extinse în Hades! O, coastă care a fost străpunsă și din care s-a făcut prima mamă! O, picioare care au pășit pe ape și în fața cărora s-a aplecat natura! Fiu mai bătrân decât maica Sa! Ce bocet și imne de îngropăciune să-Ți cânt? Cum a fost când Nicodim Ți-a smuls cuiele din mâini și din picioare și Te-a dat jos de pe Cruce și Te-a lăsat în brațele mele? Înainte Ți-am făcut haine de copil, acum sunt ocupată cu veșminte de îngropare! Atunci am fost liberată de durerile nașterii dar acum iau toată povara jalei la îngroparea Ta! De multe ori am rămas fără somn, ținându-Te copil la pieptul meu, acum dormi între cei morți. Dar, așa cum ai spus, vei reclădi în trei zile Templul pe care Tu l-ai dărâmat!"

"Lăudăm pe Fecioara Maria,/ Poartă a cerului, glorie a lumii, cântec al îngerilor, frumusețe a credincioșilor./ Ea, care s-a născut din om, a născut pe Dumnezeu./ Ea a fost precum cerul, precum templul lui Dumnezeu./ Ea a distrus zidul dușmăniei,/ a adus pacea, a deschis împărăția cerească./ De aceea ea este fondatoarea credinței noastre./ Apărătorul nostru este Domnul care s-a născut din ea./ Curaj, curaj, poporul lui Dumnezeu,/ pentru că Hristos va distruge vrăjmașii,/ pentru că este a toate puternic" (din cântările din Sâmbăta Mare).

Femeile ucenice (mironosițe) s-au vorbit ca să vină la mormânt duminică. Înainte de a se face ziuă ele au pornit din diferite colțuri ale orașului întâlnindu-se grupuri, grupuri. De aceea reprezentarea lor în icoane sau menționarea lor în evanghelie variază de la una la șase femei sau mai multe. După cum intonează imnul Sfântului Romanos, era noapte neagră dar dragostea îi lumina Maicii Domnului drumul spre mormântul Fiului ei.

Mai întâi a fost cutremurul de pământ când a coborât Îngerul Domnului și s-a rostogolit piatra. Theotokos cu Maria Magdalena au fost primele la mormânt și au văzut îngerul, după cum notează Sfântul Grigore Palamas. La vremea aceea era încă întuneric deși lumina de crepuscul începea să prindă ușor puteri. Maria Magdalena, văzând piatra rostogolită (Ioan 20,1) și soldații înfricoșați (Matei 28,4), s-a grăbit de-a alergat imediat să anunțe pe Simon Petru și pe Ioan (Ioan 20,2), lăsând pe Maica Domnului singură la mormânt. În acest moment i se arată Domnul Iisus Mamei Sale. Toți imnografii subliniază faptul important că **prima apariție a Domnului s-a făcut Sfintei Fecioare Maria** (Sfinții Romanos, Theophanes, Gheorghe din Nicomedia, Grigorie de Nyssa, Hesychios din Ierusalim, Grigorie Palamas și Chiril din Alexandria).

Pe când soarele începea să răsară (Marcu 16,2), au apărut la mormânt, dând binețe Maicii Domnului, Salomea (Marcu 16,1) și Ioana (Luca

24,10) care aduceau dulci mirodenii şi uleiuri ce le cumpăraseră (Marcu 16,1) şi pregătiseră înainte de Sabat (Luca 23,56). Curînd le-au urmat celelalte. Sfânta tradiție le numeşte: Maria (nevasta lui Cleopa), Suzana, Marta şi Maria. Ultimele două erau surorile lui Lazăr şi trăiau în Ierusalim. Toate aceste noi venite, neştiind că îngerul a rostogolit deja piatra, se întrebau îngrijorate cum o să poată deschide uşa mormântului (Marcu 16,3), pentru că stânca era foarte mare (Marcu 16,4).

Ajunse acolo, au descoperit piatra dată la o parte (Marcu 16,4) şi pe ea şezând un înger (Matei 28,2). Înfățişarea lui era strălucitoare ca fulgerul şi veşmântul său alb ca zăpada (Matei 28,3). Soldații, de frica îngerului, căzuseră la pământ ca morți (Matei 28,4). Tradiția spune că acest înger era însuşi Sfântul Arhanghel Gavriil care astfel a "slujit la toată iconomia Întrupării Cuvântului lui Dumnezeu, dintru început (de la Binevestire) până întru sfârşit (la Înviere)". Îngerul s-a adresat femeilor zicând: "Nu vă temeți, căci ştiu că voi căutați pe Iisus care a fost răstignit (Matei 28,5). El nu este aici; căci a înviat după cum a spus" (Matei 28,6). Şi le-a invitat să vadă locul unde zăcuse trupul Domnului (Matei 28,6).

Femeile au intrat în mormânt (Marcu 16,5; Luca 24,3) dar nu au găsit trupul Mântuitorului (Luca 24,3) şi s-au speriat. Un înger era înăuntru şezând în dreapta, îmbrăcat într-un lung veşmânt alb. El le-a zis: "Nu vă spăimântați! Căutați pe Isus din Nazaret, care a fost răstignit - a înviat, nu este aici. Iată locul unde îl puseseră." (Marcu 16,5-6). Cum femeile nu mai știau ce să creadă de atâta mare uimire (Luca 24, 4) iată că și îngerul ce stătea pe piatră a intrat înăuntru alăturându-se celuilalt înger, amândoi cu haine strălucitoare (Luca 24,4). Femeile îngrozite și-au plecat fața la pământ (Luca 24,5). Îngerii li s-au adresat din nou: "Pentru ce căutați între cei morți pe Cel ce este viu? Nu este aici, ci a înviat. Aduceți-vă aminte ce v-a spus pe când era încă în Galilea, când zicea că Fiul omului trebuie să fie dat în mâinile păcătoșilor să fie răstignit și a treia zi să învieze" (Luca 24,5-7). Și ele și-au adus atunci aminte de cuvintele lui Iisus (Luca 24,8)." Apoi îngerul care a venit de-afară le spuse: "Mergeți de grabă și spuneți ucenicilor Lui că El a înviat din morți" (Matei 28,7). Iar îngerul care le întâlnise pe femei înăuntru a întărit: "Mergeți și spuneți-le ucenicilor" și, a adăugat: "și lui Petru" (Marcu 16,7). Apoi amândoi le-au înștiințat că Domnul va merge înaintea lor în Galilea și că Îl vor vedea acolo (Matei 28,7; Marcu 16,7) exact cum profețise (Marcu 16,7). Îngerul ce șezuse mai demult pe piatră a încheiat: "Iată că v-am spus lucrul acesta" (Matei 28,7).

Theotokos și celelalte mironosițe s-au îndepărtat cu emoție și bucurie, ducându-se să vestească bărbaților discipoli cuvintele auzite (Matei 28,8). Erau așa de răscolite în cuget că nu au vorbit cu nimeni în drumul lor spre casa celor unsprezece ucenici (Marcu 16,8), aceștia fiind cei dintâi demni să audă vestea și doar mai apoi celorlalți discipoli (Luca 24,9). După cum comentează Sfântul Grigorie Palamas însă, Maica Domnului era singura care pricepuse cu adevărat sensul cuvintelor îngerilor.

Maria Magdalena, care la crăpatul zorilor o lăsase pe Maica Domnului la mormânt şi zburase într-un suflet să le spună ucenicilor vestea că piatra de la mormânt era rostogolită, a ajuns cu mult înaintea celorlalte în cetate şi le-a vorbit lui Simon Petru şi Ioan (Ioan 20,2). Firesc, deoarece ea nu auzise cuvintele îngerilor şi nici nu cercetase locul unde fusese trupul Domnului, cum făcuseră celelalte mironosiţe care zăboviseră mult mai lungă vreme la mormânt, nu le putea spune prea multe. Aşa că, îngrijorat, Simon s-a sculat (Luca 24,12) şi a fugit repede la mormânt, împreună cu Ioan (Ioan 20,4). Mai tânăr fiind, Ioan l-a întrecut dar a pregetat să intre în mormânt lăsându-l pe Petru s-o facă şi să cerceteze bandajele (Ioan 20,7). Apoi a intrat şi Ioan. A văzut şi a crezut (Ioan 20,8). Coconul făcut de bandajele impregnate era neatins (nedesfăcut de mâini omeneşti) dar era gol - trupul dispăruse - cea mai concretă dovadă ca era o minune, minunea unei învieri şi nu o luare de trup. Apoi, împreună, Petru şi Ioan s-au întors acasă (Ioan 20,10). Sfântul Evanghelist Luca nu găseşte important să menţioneze şi pe Ioan, ca martor al evenimentului (Luca 24,12).

Maria Magdalena s-a întors apoi la mormânt şi a rămas lângă el, suspinând amar. Cum plângea, s-a aplecat şi s-a uitat înăuntru (Ioan 20,11). A văzut cu uimire pe cei doi îngeri care se întorseseră şi acum stăteau unul la cap şi celălalt la picioare, cum ar fi fost dacă acolo ar mai fi zăcut trupul (Ioan 20,12). Îngerii au întrebat-o de ce plânge şi ea le-a răspuns că e mâhnită de grija că L-au luat pe Domnul ei şi nu ştie unde L-au pus (Ioan 20,13). Buimăcită de plâns şi-a întors capul dinspre interiorul mormântului şi, deodată, a simţit pe Cineva stând în picioare în preajmă. El a întrebat-o acelaşi lucru - de ce plânge, dar a mai adăugat - 'Pe cine cauţi?' Maria Magdalena a crezut că este grădinarul locului şi i-a spus: "Domnule dacă L-ai luat spune-mi unde L-ai pus şi mă voi duce să-L iau" (Ioan 20,15). Dar Persoana a chemat-o pe nume: "Marie" şi, pe loc, ea L-a recunoscut, exclamând: "Rabuni (Invăţătorule)". El însă n-a lăsat-o să-L atingă (Ioan 20,16-17). Şi Maria Magdalena s-a dus, fericită, să le spună ucenicilor **că L-a văzut** pe Mântuitorul (Ioan 20,18).

Nu este imposibil ca, pe calea ei spre ucenici, Maria Magdalena să le fi ajuns pe celelalte mironosiţe care-şi îndreptau paşii în aceeaşi direcţie şi să fi fost de faţă când din nou S-a arătat Hristos, de astă dată tuturor femeilor, între care era şi scumpa Lui Mamă. Le-a salutat cu cuvântul: "Bucuraţi-vă" (Matei 28,9). Maica Domnului I-a mîngîiat picioarele (**deci L-a atins**) iar celelalte L-au proslăvit, după cum menţionează Sfântul Grigorie Palamas. Iisus le-a încurajat să meargă în Galilea (Matei 28,10). Theotokos, Maria Magdalena, Ioana şi celelalte le-au povestit emoţionate toate amănuntele apostolilor (Luca 24,10), dar vorbele lor păreau poveşti şi ei nu le-au crezut (Luca 24,11). Sfântul Evanghelist Marcu povesteşte că Maria Magdalena, care, el crede că era prima fiinţă căreia i se arătase Mântuitorul, nu a găsit crezare la ucenicii care plângeau moartea Domnului şi Învăţătorului (Marcu 16,9-11). Desigur lucrurile s-au schimbat când Mântuitorul Însuşi a venit în mijlocul lor, mustrându-i. Atunci au crezut (Marcu 16,14).

Este impresionantă redarea evenimentelor de către evanghelişti, aparent aşa de necoordonată şi de haotică. Ea este rezultatul precipitării sufletelor într-un iureş de bucurie, de uimire, de neîncredere, de frică şi de credinţă, care i-a făcut pe toţi, pe femeile mironosiţe, vestitoarele, în primul rând, şi apoi pe Petru şi Ioan să alerge într-un du-te vino, să povestească pe nerăsuflate, uitând unele amănunte, complectându-se unii pe alţii sau luând vorbele celuilalt din gură în dorinţa bucuroasă de a spune **ce-au simţit ei, ce-au văzut ei**. Cele şapte mironosiţe sunt sărbătorite de biserica noastră ortodoxă după cum urmează: Sfânta Maria Magdalena în 22 iulie şi 4 mai; Sfânta Salomea, mama fiilor lui Zebedei la 3 august; Sfânta Maria, soţia lui Cleopa, cumnata Maicii Domnului (căci Cleopa şi Iosif erau fraţi) - în 23 mai; Sfânta Ioana, soţia lui Cuza în 27 iulie; Sfintele Marta şi Maria, surorile Sfântului Lazăr în 4 iunie; Sfânta Suzana - a treia Duminică după Paşti. Nu mai trebuie să menţionăm când este sărbătorită Maria, mama lui Iacov (Marcu 16,1, Luca 24,10) şi a lui Iose (Matei 27,56) care nu este alta decât Theotokos, mama lor vitregă prin moartea mamei lor bune Salomea, prima soţie a bătrânului Iosif.

Câteva cuvinte despre Sfânta Maria Magdalena, egală cu Sfinţii Apostoli. Sfânta Maria Magdalena, fecioară până la obştescul ei sfârşit, era originară din oraşul Magdala de pe malul de vest al Mării Galileii. A fost crescută şi atent educată în spiritul Legii şi al Profeţilor de către părinţii ei. Deşi a rămas orfană la vârsta de zece ani a continuat să ducă o viaţă exemplară înaintea lui Dumnezeu. Traiul ei a fost o asceză neîntreruptă. Era mereu la templu, îngrijea pe infirmi şi bolnavi, cărora le propovăduia cuvântul Bibliei. Era atât de virtuoasă încât mulţi s-au întrebat dacă nu este ea Sfânta Fecioară, despre care vorbea Isaiia şi care urma să devină Maică a Domnului. De aceea, invidios, Spiritul cel Rău i-a trimis şapte duhuri rele să o încerce şi chinuiască: mândria, desfrânarea, judecarea aproapelui, minciuna, hoţia, omorul şi necredinţa. Dar ea a stat tare în faţa tuturor ispitelor luptând curajos cu ele până când Domnul Iisus a venit şi a alungat duhurile (Marcu 16,9; Luca 8,2). Din acest moment, **păstrându-şi virtutea nepătată** (nu fusese o desfrânată cum greşit au înţeles unii), L-a urmat pe Domnul, împreună cu celelalte femei mironosiţe. După cum ştim, Iisus I s-a arătat în grădină şi ea L-a recunoscut după voce (după cum spun Părinţii, într-o grădină s-au ascuns Adam şi Eva de frica pedepsei lui Dumnezeu după păcatul muşcării mărului şi într-o altă grădină Domnul Iisus a apărut cu bucuria mântuirii prin Înviere). După Înălţarea Domnului la Cer, în ziua Cincizecimii, Maria Magdalena a primit şi ea duh sfânt o dată cu Apostolii. S-a hotărât atunci să meargă la Roma ca să prezinte înaintea împăratului Tiberiu cazul de mare nedreptate făcut de Pilat, de Ana şi de Caiafa care l-au condamnat şi răstignit pe Iisus. A cerut binecuvântare de la Maica Domnului şi s-a dus ca un apostol al Domnului propovăduind peste tot cuvîntul Lui. S-a prezentat împăratului salutându-l cu vorbele "Hristos a înviat!". Tiberiu a ascultat-o cu luare aminte şi, pentru că auzise şi el despre soldaţii lui Pilat care au omorât pe nedrept pe nişte Samarineni, a trimis să-l cheme pe Pilat să răspundă pentru faptele sale. Când Pilat a ajuns la Roma împăratul Tiberiu era deja mort şi locul îi fusese luat de Caius. Pilat nu a reuşit să se apere convingător şi a căzut în dizgraţie. A fost alungat în Galia unde s-a sinucis. Soţia lui Pilat, Procula Claudia, care îl rugase pe soţul ei pentru îndurare datorită visului ce l-a visat, a crezut în Domnul după ce-a văzut Patimile Sale şi a trăit o viaţă sfântă; a suferit mult pentru credinţa ei până a murit; biserica o comemorează în ziua de 27 octombrie.

Condacul şi Irmosul Invierii Domnului

Te-ai pogorât în mormânt, Cel ce eşti fără de moarte, dar puterea iadului ai zdrobit şi ai înviat ca un biruitor, Hristoase Dumnezeule, zicând femeilor mironosiţe: Bucuraţi-vă, şi apostolilor Tăi pace dăruindu-le, Cel ce dai celor căzuţi scularea.

Îngerul a strigat celei pline de har: Curată Fecioară, bucură-te şi iarăşi zic bucură-te că Fiul Tău a înviat a treia zi din groapă şi pe morţi i-a ridicat; veseliţi-vă popoare. Luminează-te, luminează-te, noule Ierusalime, că slava Domnului peste tine a răsărit; saltă, acum și te bucură Sioane, iar tu Curată de Dumnezeu Născătoare veselește-te întru învierea celui născut al tău.

---

[1] Tradiția bisericii surori, catolice, spune că, mai târziu, după Rusalii, Theotokos a "creat" Via Crucis (Drumul Crucii) cu cele 14 opriri (condamnarea la moarte, luarea crucii, prima cădere, întâlnirea cu Maica îndurerată, cu Simon care a ajutat la purtatul crucii, cu Veronica care I-a șters fața, a doua cădere, întâlnirea cu femeile compătimitoare ale Ierusalimului, a treia cădere, biciuirea, țintuirea pe cruce, înălțarea pe cruce, luarea de pe cruce și punerea în mormânt). Se ducea mereu pe Golgota și în fiecare loc unde s-a oprit ori a căzut Iisus plângea și se ruga îndelung, punând o piatră. Apoi le-a numerotat. A repetat aceasta pe o colină la Efes, unde s-a dus cu Ioan; a fixat 14 pietre până la o grotă, a plâns și s-a rugat. Creștinii din Zărnești au ridicat și ei un Drum al Crucii marcat cu mici troițe pe frumoasele plaiuri de sub albă Piatra Craiului.

Adormirea Maicii Domnului

La câțiva ani după Înălțarea Domnului, prin anul 37 e.n., regele Irod a început persecuțiile împotriva credincioșilor. El a arestat și biciuit pe câțiva, l-a omorât cu sabia pe Iacov, fratele lui Ioan (Fapte 12,1-3). Apostolul Petru a fost și el întemnițat. Toți se rugau neîncetat pentru scăparea lui. Un înger al Domnului trimis de sus l-a luat de mână și l-a scos în stradă (Fapte 12,10). Dar nesiguranța era mare și Apostolii trebuiau să părăsească Ierusalimul. Înainte de a se împrăștia au întocmit Crezul (mai scurt decât forma îmbunătățită de Sinodul din Niceea din anul 325, sau cea completă de astăzi) și cele 85 de canoane apostolice pentru ca predicarea și semănarea Cuvântului Domnului să se săvârșească armonios. Doar Iacov, fratele Domnului, a rămas în Ierusalim deoarece a fost ales primul Episcop al orașului sfânt.

Sfântul Ioan Teologul, evanghelistul, ucenicul care stătuse cu capul pe pieptul Domnului Iisus la Cina cea de taină (Ioan 13, 23) și căruia Domnul i-a dat în seamă pe Maica Sa când era pe cruce (Ioan 19,25-27), a luat cu el pe Maica Domnului și au plecat împreună la Ephes în Anatolia, căci acest ținut îi căzuse pentru propovăduire în urma tragerii la sorți între apostoli. Acolo, Sfânta Fecioară și-a petrecut timpul în meditație și rugăciune. Mult mai târziu, după ce împăratul Constantin a scos decretul libertății creștinilor în anul 313, s-a ridicat o biserică în oraș în memoria timpului când Maica Domnului a locuit acolo.

Sfântul Ignat, episcopul Antiohiei, i-a scris lui Theotokos cerându-i informații suplimentare despre Domnul Iisus. În răspunsul ei, Maica Domnului a așternut la sfârșit și următoarele rânduri: "Fii tare în credință și păstrează-te bărbat, nici lăsa furia persecuției să te sfâșie ci păstrează cugetul neclintit și bucură-te în Domnul, Mântuitorul tău." Profeția a fost puternică deoarece, refuzând să venereze idolii la cererea împăratului Traian, Sfântul Ignat a fost pus în lanțuri și dus, printr-o lungă și plină de chinuri călătorie, la Roma unde a fost dat leilor să-l sfâșie bucată cu bucată la 20 decembrie 106 e.n.

Ulterior Prea Curata s-a întors la Ierusalim unde a continuat să locuiască în casa fiului său adoptiv Ioan. Dumnezeu a ocrotit-o și hulitorii nu au ajuns să o atingă cu mâinile lor murdare. După o vreme Sfântul Lazăr, fratele Martei și Mariei, care fusese înviat de Mântuitorul și acum era episcop în Cipru (consacrat acolo de Sfântul Apostol Barnabas, înlocuitorul lui Iuda), a rugat-o să îl viziteze, căci el se temea tare ca să vină la Ierusalim în mijlocul furiei dezlănțuite a Evreilor. Era anul 52 e.n. Îngerul s-a arătat Sfintei Fecioare spunându-i să meargă cu Ioan cu corabia. Maica Domnului i-a cusut cu mâna ei un *omophorion* (veșmântul de episcop) și *epimanikia*, ca să i le ducă. Coborând la țărmul mării au aflat ambarcațiunea trimisă de Sfântul Lazăr și au pornit, cu Sfântul Clement la cârmă.

Furtuna i-a deviat din drum şi au ajuns la Muntele Athos care pe atunci era un loc închinat idolilor elini. Zeiţa Diana ocupa un loc principal şi de aceea erau multe preotese fecioare în muntele Athos, iar în zona Sfintei Mânăstiri Marea Lavră de astăzi era templul zeiţei, locul fiind numit Kerasia ("fata fecioară" în greceşte). Era interzis cu desăvârşire, sub pedeapsa cu moartea, vreunui bărbat să calce pe-acolo. Corabia a ancorat în golfuleţul din nord-estul peninsulei unde se ridică astăzi Mânăstirea Iviron. Theotokos, fermecată de frumuseţea locului, I-a cerut Fiului ei să-i dea ei muntele deşi era locuit de păgâni. O voce se auzi: "Fie acest loc moştenirea şi grădina ta un paradis şi un loc de salvare pentru cei ce o caută." Şi-a adus aminte Sfânta că Arhanghelul Gavriil îi spusese în urmă cu douăzeci de ani că pământul ei va fi o peninsulă din Macedonia.

Când Maica Domnului a pus piciorul pe uscat statuile zeilor au prins a se prăvăli în apă cu un mare uruit. Însăşi marea statuie de aur şi fildeş având drept ochi două nestemate (lumina lor reflectată făcea funcţie şi de far) a lui Jupiter de pe vîrful muntelui (pomenită în scrierile lui Plutarh şi Anaximandros) s-a prăvălit făcându-se fărâme. "Vine Maica Domnului!" murmurau mulţimile speriate aflate în templul lui Apollo. In veştminte pline de lumină Sfânta intră în piaţa portului Clemes unde vesti oamenilor ce începuseră a se aduna curioşi, învăţătura mântuirii. Înţelepţii înţeleseră că s-a împlinit învăţătura Cabirilor care prevestiseră despre Hristos, Care este calea, adevărul şi viaţa. Mulţimea convinsă de ceea ce vedea a îngenuncheat cu entuziasm şi a preamărit-o. Atunci Prea Sfânta a binecuvântat-o şi le-a grăit astfel: "Harul Domnului să fie peste acest ţinut şi peste toţi aceia care vor trâi aici cu credinţă şi smerenie, păzind poruncile Fiului meu. Cu puţină osteneală ei vor avea cu prisosinţă ce le trebuie pentru viaţă şi vor dobândi împărăţia cerurilor iar dragostea şi harul Fiului meu nu-i va părăsi pînă la Judecata din urmă. Voi fi o mijlocitoare neobosită pe lângă Dumnezeu, Tatăl nostru Cel din ceruri." Maica Domnului a făcut mai multe minuni prin acele locuri. Apoi, luându-şi rămas bun, şi-a reluat cu vânt prielnic călătoria spre Cipru. De atunci Panaghia a rămas ocrotitoarea Muntelui Athos şi tot ce se întâmplă acolo este în numele ei. Muntele se cheamă Aghion Oros (Sfântul Munte). Sub aspră lege n-a mai avut voie să calce picior de femeie în Sfântul Munte. Legea este în vigoare şi în ziua de azi.

*

Sfânta Fecioară era de-acum de o vârstă destul de înaintată. Dacă fusese născută prin anul 20 înainte de Hristos, pe vremea începutului construirii templului lui Irod, iar Sfântul Dionisie Areopagitul venise la ea să o viziteze şi să obţină binecuvântare pe la anul 52 după Hristos, trebuia să aibă peste şaptezeci de ani. După cum ştim, ea locuise mulţi ani printre primii creştini, deoarece Domnul Iisus a rugat-o să stea cu ucenicii Lui. Ea le dădea întărire sufletească şi spirituală în mijlocul tuturor adversităţilor vieţii, îi îmbărbăta prin prezența sa sfântă și ținea mila și binecuvântarea lui Dumnezeu asupra lucrării mâinilor lor. Acum era în casa Sfântului Apostol Ioan pe Muntele Sion și adesea mergea de se ruga pe Muntele Măslinilor, chiar în locul de unde se înălțase Domnul Iisus.

Totuși dorința ei cea mai arzătoare era să părăsească trupul pămîntesc și să fie alături de Fiul și Dumnezeul său cel prea iubit, să-I cinstească dulcea-I Față. S-a rugat adesea cu mare sfâșiere s-o ia Dumnezeu din această vale a plângerii în lumea celor binecuvântați, din înălțime. Și de asemenea s-a rugat s-o ferească Domnul când sufletul îi va fi fost luat, de vederea înfricoșătoare și spurcată a spiritelor răului. Hristos a răspuns rugăciunilor Maicii Sale spunându-i că, așa cum a fost cu El, Sfânta Fecioară va muri, învia a treia zi și ridica la cer după patruzeci de zile; Arhanghelul Gavriil îi va vesti vremea morții cu trei zile înainte, dându-i o ramură de palmier ruptă din paradis, cu care se va înălța la cer; Domnul Iisus Însuși, cu îngerii, arhanghelii și toți sfinții îi vor lua sufletul și-l vor duce în Împărăția de veci.

Așa s-a întâmplat. Arhanghelul a vestit-o, pe când se ruga în Muntele Măslinilor, că va muri într-o zi de vineri ca, apoi, peste trei zile, duminică, să poată pleca la Hristos. Fecioara a anunțat pe Maria Magdalena și pe celelalte, precum și pe Sfântul Ioan, arătându-le ramura de palmier. Sfântul Ioan a trimis vorbă tuturor apostolilor, ucenicilor, rudelor și prietenilor. Celor ce s-au adunat atunci îndată, Sfânta Maria le-a dat îmbărbătare în fața veștii triste a morții, spunîndu-le bucuria de a se duce la Fiul ei și promițându-le că va veghea de acolo asupra văduvelor, orfanilor și celor în nevoie, rugându-i să o înmormânteze în Grădina Ghetsemani pe Muntele Măslinilor. In toiul pregătirilor s-a auzit un zgomot puternic, un nor a înconjurat casa Sfântului Ioan și toți Apostolii, care erau risipiți vestind Cuvântul la toate capetele lumii, au fost aduși acolo de îngerii Domnului, exceptând pe Sfântul Apostol Toma. Pe patul morții, dragilor Apostoli pătrunși de mare jale, Maica Domnului le-a spus, spre întărirea sufletelor lor în credință și nădejde, parabola celor doi înalți slujitori regali trimiși la un mare și bogat târg: unul a cheltuit nebunește, întârziind să se întoarcă la sorocul stabilit, celălalt a cumpărat pietre prețioase și a venit la timp să-și servească stăpînul.

În ziua de 15 august, la a treia oră din zi (9:00 a.m.), în odaia cea mare ardeau multe lămpi și Apostolii, adunați în jurul patului Sf. Fecioare, ofereau laude lui Dumnezeu. După ce s-a rugat, Fecioara i-a binecuvântat. Au început și ei să se roage. S-a auzit un tunet și o voce puternică, o lumină de glorie divină a făcut să pălească lumina lămpilor - era Domnul Iisus venit să ia sufletul Maicii Sale. Ea a strigat aceleași vorbe spuse în Biblie: "Sufletul meu mărește pe Domnul și duhul meu se bucură în Dumnezeu Mântuitorul meu (Luca 1: 46-47). Domnul a spus: "Marie". "Aicea sunt, Doamne", a răspuns dânsa. Apostolii au rugat-o să dea o binecuvântare acestei lumi. Apoi a adormit. Fața ei lucea ca soarele și o dulce mireasmă se răspândea din trupul ei sfânt.

Au dus-o la mormânt. Apostolii - de-o parte Sfântul Ioan şi Sfântul Petru, de cealaltă Sfântul Iacov şi Sfântul Pavel - au purtat patul ei pe umeri cu cântări, urmaţi de mare alai, prin tot Ierusalimul de la Sion la Ghetsimani. Un nor luminos îi îmbrăca şi se auzeau glasurile de slavă ale îngerilor. Fariseii au răsculat mulţimea care a încercat furioasă să atace procesiunea dar lumina norului ce îmbrăca pe cei cerniţi a orbit-o şi mulţi se loveau de ziduri sau unii de alţii. Un preot evreu, Athonios, mergea pe drum şi, mânios pe onoarea adusă trupului Celei ce a dat naştere Celui care, chipurile, a distrus legea strămoşilor, s-a repezit să dea trupul Fecioarei jos la pământ. Un înger i-a tăiat cu paloşul, mâinile, care au rămas lipite de patul sfânt. Evreii care erau cu dânsul, înfricoşaţi, au strigat: "Cu adevărat Acela ce a fost născut de tine este Dumnezeu cel Adevărat, o Maica lui Dumnezeu, Pururea Fecioară Maria". Athonios a fost cuprins de căinţă şi sufletul, în marea suferinţă a trupului, a fost cuprins de arzătoare frică şi credinţă. Apostolii i-au spus să-şi atingă mâinile rămase pe patul Fecioarei şi să cheme numele ei; a fost vindecat, doar o linie roşie a rămas ca să-i marcheze coatele la tăietură.

Toate celelalte au decurs cum fuseseră vestite, spre slava lui Dumnezeu şi întărirea sufletelor credincioşilor. Sfântul Toma, care predica Biblia în ţinuturile Indiei pe când Adormirea avea loc, a fost luat de un nor a treia zi după îngropare şi a fost adus la mormânt. Aici a văzut cu ochii duhului cum trupul Maicii Domnului era tocmai mutat la cer şi, plin de jale, a strigat: "Unde te duci, Prea Sfânto?" Iar ea şi-a scos cingătoarea şi i-a dat-o zicând: "Ţine-o, prietenul meu" şi a dispărut.[1)] Fără să înţeleagă, întors la Apostoli cu brâul în mână, Sfântul Toma le-a reproşat, tânguindu-se cu mare tristeţe, că nu l-au chemat la îngropare. Şi atunci, făcându-li-se milă de el, Apostolii l-au dus la mormânt, au dat la o parte piatra, ca el să vadă şi să venereze sfintele ei rămăşiţe. Dar mare le-a fost mirarea când au văzut că trupul fusese luat şi ce mai rămăsese erau doar straiele care răspândeau o minunată mireasmă.

Mai târziu, într-o seară, pe când, plini de dor pentru Sfânta Fecioară şi de grijă pentru mormântul ei gol, Apostolii cinau şi, după obicei, puseseră un cub de pâine în capul mesei ca pe porţia cuvenită lui Iisus urmând ca, după sfârşitul cinei, închinându-se, să împartă acea bucăţică, Maica Domnului a apărut în mijlocul lor într-o dulce lumină spunându-le: "Bucuraţi-vă, căci voi fi cu voi toate zilele vieţii voastre!" Cutremuraţi i-au zis: "Prea Sfântă (A Toate Sfântă = Panaghia) Maică a lui Dumnezeu, mântuieşte-ne pre noi", ceea ce a sunat foarte aproape de cele ce ziceau de obicei: "Doamne Iisus Hristoase, ajută-ne". Şi s-au încredinţat că Maica Vieţii s-a înălţat cu trupul, ca şi prea minunatul său Fiu, la viaţa veşnică. Atunci au înţeles şi misterul mormântului gol şi rostul întârzierii Sfântului Toma: altfel nu ar fi cercetat şi nu ar fi văzut minunea. S-a bucurat Sfântul Toma şi cu el şi toţi ceilalţi. S-au rugat apoi şi au slăvit pe Dumnezeu, lăudînd sfinţenia Maicii sale.

Troparul și Condacul Adormirii Maicii Domnului

Întru naștere fecioria ai păzit, întru adormire lumea nu ai părăsit, de Dumnezeu Născătoare; mutatu-te-ai la viață fiind Maica Vieții și cu rugăciunile tale mîntuiești din moarte sufletele noastre.

Pe Născătoarea de Dumnezeu, cea întru rugăciuni neadormită și întru folosințe nădejdea cea neschimbată, mormântul și moartea nu o au ținut, căci pe Maica Vieții la viață o a mutat, Cel ce s-a sălășluit în pântecele ei cel pururea fecioresc.

----

¹⁾ **Rugăciunea Brâul Maicii Domnului (rugăciune care se spune în toată neputința):**

Preasfântă Stăpână de Dumnezeu Născătoare, cea care cu trupul de la pământ la cer te-ai mutat și ai șezut de-a dreapta Scaunului măririi lui Dumnezeu, arătându-te mai înaltă decât Heruvimii și mai sfântă decât Serafimii, cea care în locul Preasfântului și de Viață Începătorului tău trup ne-ai lăsat nouă preacucernicul, închinatul și ca focul de luminosul tău Cinstit Brâu, tămăduitor a toată boala, vindecător a toată neputința și de moarte izbăvitor, tămăduieşte pe robul tău (numele) de bolile sale trupeşti şi sufleteşti şi înviază-l sufleteşte pe dânsul prin harul şi puterea acestui preacurat şi de viaţă purtător Brâu, spre slava şi cinstea Unuia Născut Fiului Tău, cu care binecuvântată şi preamărită eşti în vecii vecilor. Amin.

Praznicul Acoperământului Maicii Domnului

Pe vremea împăratului Leon cel Înțelept (886-912) era, ca de obicei, slujba de vecernie și priveghiere în noaptea de sâmbătă, în biserica Vlahernei din Constantinopol. Pe la ora patru spre dimineață când mare mulțime se ruga în biserică Sfântul Andrei, cel nebun întru Hristos, împreună cu ucenicul său Fericitul Epifanie, a văzut deasupra mulțimii pe Preasfânta Născătoare de Dumnezeu cum sta și se ruga, acoperind tot poporul cu prea cinstitul ei omofor. Maica Domnului strălucea de lumină ca Împărăteasă a cerului și ocrotitoare a lumii, în mijlocul unei mulțimi de sfinți și înconjurată de oști cerești, toți îmbrăcați în haine albe. Între ei erau și Sfântul Ioan Botezătorul, Înainte-mergătorul, și Sfântul Ioan Evanghelistul, Apostolul. Sfântul Andrei și ucenicul lui Epifanie au auzit pe buna Maică a Domnului rugându-se astfel cu glasul ei cel blând: „Împărate ceresc, primește pe tot omul cel ce Te slăvește pe Tine, și cheamă în tot locul preasfânt numele Tău. Iar acolo unde se face pomenirea numelui meu, pe acel loc îl sfințește și proslăvește pe cei ce Te proslăvesc pe Tine, și pe cei ce cu dragoste mă cinstesc pe mine Maica Ta. Primește-le toate rugăciunile și făgăduințele și-i izbăvește din toate nevoile şi răutăţile".

Mijea de ziuă. Era 1 octombrie. De atunci noi sărbătorim această zi, a Sfântului Acoperământ al Maicii Domnului (Pokrov) şi ne rugăm astfel cu smerenie şi pioşenie: „Acoperă-ne pe noi cu acoperământul tău, Preasfântă Fecioară, în ziua răutăţilor noastre; acoperă-ne în toate zilele noastre, iar mai ales în ziua cea rea când sufletul de trup se va despărţi, de faţă să ne stai într-u ajutor, şi să ne acoperi pe noi de duhurile cele rele din văzduh, cele de sub cer, şi în ziua înfricoşătoarei judecăţi, să ne acoperi pe noi întru ascunsul Acoperământului tău".

Condacul 1 al Acatistului Sfântului Acoperământ al Maicii Domnului

Împărătesei celei alese mai înainte de veci, împărătesei celei mai înalte decât toată făptura cerului şi a pământului, care a venit oarecând la rugăciune la biserica din Vlaherna şi se ruga pentru cei din întuneric, acesteia şi noi, cu credinţă şi cu umilinţă îi serbăm Acoperământul ei cel luminos. Iar tu, ca ceea ce ai putere nebiruită, izbăveşte-ne pe noi din toate nevoile ca să grăim ţie: bucură-te bucuria noastră, acoperă-ne pe noi de tot răul cu cinstitul tău Acoperământ!

Icoanele Maicii Domnului

Sfântul Apostol și Evanghelist Luca era un prea învățat medic și profesor de toate formele de cunoaștere și de știință. Incă de pe când Prea Curata era în viață, la dorința multora foarte pioși dintre primii creștini răspândiți în ținuturile Mediteranei, el a fost luminat de Duhul Sfânt de a picta pe Sfânta Fecioară având în brațele sale pe Pruncul ei venit dinainte de veșnicie, Domnul nostru Iisus Hristos. I-a arătat, spre încuviințare Maicii Domnului cele trei icoane pe care le-a făcut. Văzându-le Prea Curata a zis: "Fie harul Celui ce S-a născut din mine, prin mine, asupra lor" și a adăugat: "Sufletul meu slăvește pe Domnul și spiritul meu se bucură în Dumnezeu, Scăparea mea..." (Luca 46-55). Totuși, în toată viața-i pământească, ea a respins cu tărie lauda ce i se aducea ca Mamă a Domnului. A preferat să trăiască-n pace și smerenie, pregătindu-se pentru plecarea în viața cea veșnică.

Mai târziu Sfântul Luca a pictat și alte icoane pe lemn înfățișând pe Sfinții Apostoli Petru și Pavel. El a inițiat binecuvântata artă iconografică, spre gloria lui Dumnezeu, a Maicii Sale și a tuturor sfinților, care face podoaba bisericii ortodoxe și îi învață pe cei credincioși. Dintre icoanele Maicii Domnului pictate de Sfântul Luca cinci au fost foarte venerate, având puteri miraculoase: icoana Binecuvântatei Fecioare de la Megaspilaon în Morea din Peloponez, icoana Kykkou din Cipru, icoana Maicii Domnului de pe Muntele Soumela din fostul imperiu al Trebizondului de la Marea Neagră, icoana Saydanaya a lui Theotokos din Siria şi icoana Panaghia (care se tălmăceşte "Cea mai sfântă dintre toate") din mânăstirea Dionysiou de la Sfântul Munte Athos.

Această din urmă icoană trebuie să fie icoana pictată de Sfântul Luca, icoană care a fost adusă de ape la Sfântul Munte tocmai din cetatea sfântă a Palestinei la timpul ocupării ei de către turci. Un pustnic georgian (sau "ivirean" cum i se mai spune), pe nume Gavriil (cred că este semnificativ faptul că îl chema ca pe Arhanghelul solitor), pe când cânta imnul cel de seară văzu, din peştera lui de lângă ţărm, două luminiţe plutind pe apă. Alergă într-acolo, văzu icoana, intră repede în apă, o luă şi o ascunse în peşteră. Luminiţele continuară să ardă în ciuda vremii şi furtunii. Prinseră de veste cei de la mânăstirea Iviron din apropiere, veniră şi o luară. Icoana s-a făcut deodată extraordinar de grea - au trebuit zece bărbaţi s-o ducă. O atârnară în biserică. A doua zi ea se afla din nou în peştera pustnicului Gavriil între cele două luminiţe nicicând stinse. Din adâncă cinstire pentru icoană o lăsară acolo până muri bătrânul. Apoi, de la sine, icoana părăsi peştera, căci o găsiră atârnată pe poarta mânăstirii. De-atunci icoana se numeşte Portaitissa (Portăriţa) şi este venerată într-o capelă aparte. Franz Spunda, austriacul care a vizitat Athosul în 1927, spune că pe obrazul icoanei, care miroase plăcut ca toată capela de altminteri cu mirosul străvechi de tămâie, este o pată neagră: locul unde a lovit cu sabia un arab batjocoritor al cărui stăpân cucerise mânăstirea. În clipa aceea din icoană a ţâşnit sânge iar păgânul îngrozit a căzut la pământ şi a început a se ruga. Prea Sfintei să îl ierte. A intrat apoi ca ucenic la mânăstire şi a deveni un sfânt, pomenit şi astăzi sub numele Sfântul Varvar (barbar).

Tradiţia istoriseşte ceva şi despre o altă icoană a Maicii Domnului, ulterioară celor pictate de Sfântul Evanghelist Luca. Pe vremea când încă nu se înălţase nici o mânăstire la Sfântul Munte, mulţi pustnici locuiau în frumoasa vale Caryas. Un sihastru evlavios se ruga înaintea Sfintei Icoane *Axion esti* a Sfintei Fecioare şi se străduia de multă vreme cu mare osteneală dar fără roadă să facă un imn Panaghiei. Intr-o bună zi apăru Arhanghelul Gavriil şi-i spuse: "Maica Domnului cunoaşte truda ta şi m-a trimis să te învăţ o cântare. Fii cu băgare de seamă că am să ţi-o cânt." şi începu să cânte imnul ce-l ştim acum cu toţii: "Cuvine-se cu adevărat să te fericim pe tine Născătoare de Dumnezeu...". In acest răstimp icoana s-a umplut de lumină cerească. Deşi arhanghelul a repetat cântarea de trei ori pustnicul nu a putut să o reţină aşa că Arhanghelul a scris-o pe o bucată de marmoră ce era alături şi dispăru. Bucata de marmoră a ajuns în cele din urmă să fie venerată la Patriarhia din Constantinopole, de unde a dispărut la căderea oraşului. Icoana făcătoare de minuni este şi astăzi la mânăstirea Protaton; e neagră de vechime şi fumul lumânărilor. Acum doar faţa i se poate vedea căci restul icoanei a fost îmbrăcată în argint.

Există şi o minunată istorie legată de neamul

nostru. La schitul românesc Prodromu din Sfântul Munte Athos se află, la mare cinstire, Icoana Maicii Domnului, icoană "nefăcută de mâna omului", numită Prodomita (Înainte mergătoarea). Ctitorii schitului înălțat în anii 1852-1866, ieroschimonahii Nifon și Nectarie, au vrut să aibă o icoană "care să fie spre mângâiere confrățimii și a vizitatorilor, totodată protectoare și de griji purtătoare a acestei sfinte noi Mânastiri". Au cerut iconografului ca, în toată vremea lucrării, să se roage la Maica Domnului, să citească zilnic Acatistul sau Paraclisul, să nu mănânce nici bea înainte de a lucra la icoană, după mâncare să nu mai lucreze, să se păzească continuu în curățenie trupească cu mărturisire la duhovnic, să nu dușmănească și să nu se certe cu nimeni. Negăsind pe nimeni s-au dus la Iași pentru aceasta unde auziseră de un zugrav evlavios care însă "se umilea, zicând că-i tremura mâinile de batrânețe și nu mai poate zugrăvi așa de bine și de curat ca altădată".

Iordache Miclău (sau Nicolae), căci așa se numea zugravul ce l-au tocmit pentru lucrare, a postit tot timpul muncii la icoană. A ajuns la zugrăvirea fețelor dar aici s-a încurcat. Ce făcea azi ștergea a doua zi căci chipurile Prea Curatei și Domnului Iisus arătau jalnic. Părinții au hotărât să n-o mai ia cu ei ci s-o doneze unei biserici sărace care nu prea ia în seamă nechipeșenia fețelor sfinte. Abătut foarte, zugravul s-a rugat aprins toată ziua și a adormit noaptea târziu fără a îmbuca nimic. A doua zi a ridicat pânza de pe icoana rămasă în atelier ca să se apuce iar de lucru: chipurile erau zugrăvite de ele însele printr-o mare minune (pictorul a mărturisit aceasta într-o scrisoare la 29 iunie 1863 şi manuscrisul se află acum în arhiva Mânăstirii Prodromu). Auzind minunea, s-a adunat popor mult ca să se închine la Sfânta Icoană şi multe vindecări s-au petrecut.

Călugării atoniţi s-au întors atunci de grabă din Athos, au luat icoana şi au dus-o la schitul Bucium din Iaşi unde a venit să slujească şi Mitropolitul Calinic Miclescu care în preajma ei a sfinţit aghiazmă cu care mulţi bolnavi s-au tămăduit. Domnul Cuza a hotărât să nu mai lase icoana să părăsească ţara dar călugării au luat-o, au poposit la Bârlad unde s-au săvârşit alte minuni şi, urcându-se în vapor la Galaţi, s-au întors la Sfântul Munte unde îi aşteptau preoţii în veştminte de sărbătoare cu imne şi tămâie. După cum povesteşte Claudiu Ionescu (Observatorul, august 1998) din cele auzite de la Parintele Petroniu pe care l-a vizitat la Prodromu, la vremea venirii celor doi călugări cu icoana, un monah, pe nume Inochentie, era atât de bolnav că "numai prin faptul că respira se cunoştea că mai este viu". El a deschis însă ochii când a intrat icoana în biserică. S-a îmbrăcat de îndată cum a putut şi a cerut să fie purtat la icoană unde a îngenunchiat zicând: "Maica Lui Dumnezeu, de-mi este cu folos să mai trăiesc, însănătoşeşte-mă, căci cred că poţi, iar de nu, fie voia Ta, cum voieşti, Stăpâna mea, şi cum mă cunoşti, aşa fă cu mine".

După cum scrie o cărticică despre istoria icoanei nefăcută de mâna omului, tipărită în 1906 şi întocmită de Arhimandritul Antipa Dinescu, superiorul Mânastirii Prodromu, "mărimea

Sfintei Icoane este de 1 metru şi 10 cm în lungime, iar lăţimea este după proporţiune. Faţa Maicii Domnului şi a Domnului sunt de culoarea grâului, nasul, gura şi bărbia sunt foarte potrivite la măsuri, iar ochii atâta dar au, ca şi cum ar soarbe inima privirilor; cu toate acestea, căutătura este cu stăpânire". Părintele stareţ Petroniu Tănase, nonagenar, un mare duhovnic al vremurilor noastre, care a ajuns la Prodromu la Athos de la mânăstirea Sihăstria ca ucenic al părintelui Cleopa, spune: "Oricine reuşeşte să ajungă pe Sfântul Munte Athos este protejat de Maica Domnului. Să te închini şi să săruţi cu evlavie icoana făcătoare de minuni a Maicii Domnului, care se află în biserica noastră!"

În fiecare an la 12 iunie se face priveghi toata noaptea şi este sărbătorită Sfânta Icoana a Prodromiţei. Atunci preoţii spun următoarea rugare: "Prea Sfântă Stăpână, de Dumnezeu Născătoare, pururea Fecioară Marie, protectoarea şi apărătoarea noastră, cerem a Ta nebiruită apărare. Împărăteasa Cerului şi a pământului, ceea ce ai cu dreptate numele de «Prodromita», adică Înainte-Mergătoare, întăreşte-ne întru lucrarea faptelor bune şi ne du de mână întru împărăţia cea cerească; povăţuieşte-ne pe noi, toţi drept credincioşii creştini, spre a vedea şi veşnic a ne îndulci de mărirea Fiului Tău şi Dumnezeul nostru, că Binecuvântată şi Prea Proslăvită Eşti, în vecii vecilor, Amin".

Mânăstirea Vatopedi de la Muntele Athos adăposteşte o icoană a Maicii Domnului din sec. XVII, numită Pantanassa (tălmăcit: Regina tuturor). Un tânăr a intrat în biserică cu gândul să venereze această sfântă icoană dar, pe măsură ce se apropia, fața Maicii Domnului se lumina tot mai tare și deodată puterea ei l-a trântit la pământ. Când și-a venit în fire tânărul a mărturisit rușinat că se ocupase cu practicarea magiei. Din acel moment el a devenit un creștin devotat. Icoana Pantanassa a vindecat pe mulți și a fost venerată de-a lungul veacurilor. Organizația de caritate "Sfântul Ioan de Kronstadt" din Moscova, care are grijă de copiii din pavilionul de cancer al Institutului de Cercetări Științifice, a cerut, cu binecuvântarea patriarhului rus Alexei II, o copie a acestei icoane. Starețul mânăstirii Vatopedi, arhimandritul Efraim, a încuviințat. S-a slujit Sfânta Liturghie și apoi s-a făcut sfințirea apei. Apa sfințită a fost folosită apoi la prepararea culorilor pe care a pictat-o zugravul rus Vladimir. Icoana nouă a fost păstrată în altar 40 zile și trimisă în Rusia unde a ajuns la 11 august 1995. Peste o sută de episcopi și preoți au salutat icoana cu o slujbă specială la Catedrala Adormirea Maicii Domnului din Kremlin. Icoana a fost ținută o vreme la spitalul de cancerosi unde s-au făcut slujbe și s-a observat multă îmbunătățire în starea bolnavilor. Apoi a fost așezată cu mare cinste în Biserica Tuturor Sfinților de la mânăstirea Novo-Alexeievskii. Un tânăr cu angiofibroză la baza craniului, o femeie în vârstă, bolnavă de cancer de gradul trei la colon, un copil cu cancer la ficat, s-au vindecat. Așa cum Mitropolitul Antonii din Suroj ne atrage atenția, o vindecare fizică nu poate avea loc fără o vindecare (curățire) a sufletului. Domnul Iisus a văzut mulți bolnavi în mulțimile care veneau la El dar nu I-a vindecat decât pe cei care credeau și doreau să se curețe și de păcatele lor.

Sfânta Fecioară a rămas o mijlocitoare între noi și Dumnezeu. Mijlocitorul perfect a fost Însuși Domnul Iisus care a îmbinat pe pământ natura lui Dumnezeu cu natura umană (1 Tim.2,5-6). Hristos lucrează acum prin sfinții Săi care sunt solii noștri către Dumnezeu. Cea mai buna și dragă mijlocitoare a rămas, după Înălțarea Domnului, Maica Sa. Sfântul Ambrozie (339-397), atât de scump locuitorilor din Milano (Italia), spune: "Numele tău, o Marie, este un prețios ulei care răspândește mireasma harului divin. Lasă-ți acest ulei al mântuirii să pătrundă în cotloanele cele mai adânci ale sufletelor noastre."

Locul Panaghiei este în cer la dreapta lui Hristos (Ps.44,8). Așa este și așezarea **Icoanelor Împărătești** pe catapeteasma bisericii, de o parte și de alta a ușii centrale: icoana Fecioarei la dreapta icoanei Mântuitorului.

De asemenea imaginea Maicii Domnului se află pe calota absidei deasupra altarului, foarte aproape de turla din centrul crucii planului bisericii, unde este înfățișat Hristos **Pantocrator** (Cel care conduce toate) privind din cer asupra credincioșilor. Imaginea se cheamă **Platyera ton uranon** ("Ea este mai uriașă decât spațiile cerurilor"). Este o foarte grăitoare ilustrare a mijlocirii, căci fie Prea Sfânta se află la rugăciune cu brațele ridicate, reprezentând astfel Biserica rugându-se lui Dumnezeu, fie șade pe un tron ținând în poală pe Iisus care binecuvântă cu mâna dreaptă, reprezentând în acest fel răspunsul Domnului către poporul credincios. Importanța acestei picturi supradimensionate este subliniată de prezența de o parte și de alta a doi Îngeri în deplină mărime. Plasarea frescei în locul unde se unește acoperișul cu podeaua simbolizează puntea dintre cer și pământ pe care o face Theotokos. Dacă biserica are o a doua turlă, pe ea va fi pictată Prea Sfânta cu Pruncul în brațe.

Un alt tip de icoană este **Deisis**, care înfățișează pe Domnul Iisus Hristos în întreaga Lui măreție și splendoare. El șade pe un tron de lumină orbitoare înconjurat de îngeri cântând imne de slavă. El este uneori îmbrăcat cu veșminte preoțești, căci El este "Marele Preot". Cine stă la stânga și la dreapta Lui? Fiii lui Zebedei Îi ceruseră această favoare dar li s-a răspuns: "Cinstea de a ședea la dreapta sau la stânga Mea nu atârnă de Mine s-o dau ci ea este numai pentru aceia pentru cari a fost pregătită" (Marcu 10,40). Deci la stânga Sa este Sfântul Ioan Botezătorul iar la dreapta - Theotokos, ambii în atitudine de implorare, de mijlocitori pentru noi creștinii.

Limbajul icoanelor adesea este unul simbolic. De pe când creștinii făceau sfânta slujbă în catacombe în secret, semnul peștelui (mut) simboliza pe Iisus (este și o apropiere directă între scrierea cuvântului grecesc *Ihtios* și numele Domnului). Așa, prin reprezentarea icoanei Maicii Domnului cu Pruncul, se zugrăvește adâncimea rugăciunii. **Cea dintâi treaptă a**

rugăciunii este concentrarea minții, care după convingerea discursivă se coboară în liniște în tainele comunicării cu Dumnezeu. Icoana înfățișează pe Sfânta Fecioară cu fruntea lipită de capul lui Iisus, care este ținut în partea dreaptă. Dar, deși mintea are puterea creației - acest mare har pe care l-a pus Dumnezeu în om, ea este nestatornică și zburdalnică (printre altele a îndemnat pe unii cărturari să avanseze în procesul cunoașterii având drept metodă de gândire îndoiala). De aceea **a doua treaptă a rugăciunii**, adâncă și de neclintit, aprinzătoare a focului credinței adevărate, este cea făcută cu inima. Tainița inimii trebuie descuiată mai întâi de minte, căci inima se încălzește mai greu dar, o dată încălzită, rămâne mult mai statornică în dragostea ei și mai de nezdruncinat în credința ei. Icoana înfățișând această treaptă Îl are pe Pruncul Sfânt pe stânga Maicii (la inimă) și El binecuvintează, căci stadiul rugăciunii împărătești a fost atins. Cum spune Filocalia rugăciunea minții este nestabilă dar accesibilă, este ca focul de lemn de brad care se aprinde ușor și se trece repede. Rugăciunea inimii este stabilă și puternică dar greu accesibilă, durează mult până se aprinde dar apoi ține mult și arde cu pară mare.

Există o icoană veche care reprezintă ambele faze ale Rugăciunii, menționate mai sus (vezi imaginea de pe copertă). În dreapta sus este rugăciunea minții – Maica Domnului cu pruncul pe dreapta, frunte la frunte. În stânga sus este treapta următoare a rugăciunii, rugăciunea inimii – Maica Domnului cu pruncul pe stânga, în dreptul inimii. Este o imagine împărătească – Maica Domnului și Pruncul au coroane pe cap și sunt înconjurați de un zid căci este rugăciunea lăuntrică, nediscursivă, care nu se arată în afară. În mijloc este Îngerul Tăcerii, a tainei rugăciunii, care Îl reprezintă pe Domnul Iisus. La marii trăitori în duh focul inimii le luminează fața din lăuntruri în afară și cei aleși văd uneori, când Dumnezeu vrea să le releve aceasta, pe sfinții plăcuți Lui într-o lumină cerească, nepământeană - lumina dumnezeiască în care era îmbrăcat Mântuitorul pe Muntele Tabor la Schimbarea la Față. De aceea în stânga jos este Maica Domnului cu chipul roșu, arzând de focul interior al rugăciunii inimii iar în colțul din dreapta jos sunt mai mulți sfinți, purtători ai rugăciunii inimii (Rugăciunea lui Iisus), care au aceeași lumină pe chip. **Focul inimii** a cărui pară se vede pe chipul Maicii Domnului și al sfinților este focul arzător al Luminii necreate. Moise, când s-a coborât din munte, cu tablele legii, "nu știa că pielea feței lui strălucea, pentru că vorbise cu Domnul" (Exod 4,29) – un alt exemplu de lumină necreată pe trupul celor sfinți.

Despre **focul inimii**, tradiția perpetuează o icoană specială a Maicii Domnului cu Pruncul: icoana Rugului aprins și niciodată terminat de ars. Aceasta înfățișează pe Theotokos în mijlocul a două stele ce își îmbină colțurile într-o roată de opt raze - rugul aprins, cum L-a văzut Moise pe Dumnezeu pe muntele Sinai (Horeb), Exod 24,18. Îngeri stau de veghe iar Maica are pe piept o scară, căci ea este puntea între pământ și cer.

Venerarea Maicii Domnului nu este idolatrie.

Prea Curata Fecioară Maria nu este Domnul ci Slujitoarea Domnului. Ea nu este Împăratul ci Tronul Împăratului. Ea nu este Soarele ci Luna care reflectează lumina Soarelui. Ea nu este Salvarea sufletelor ci Aceea care ne conduce spre salvare. De aceea se mai numește, Directoarea, Îndrumătoarea, **Odegitria**. Acest fel de reprezentare a fost realizat prima dată de Sfântul Apostol Luca: Maica Domnului ține copilul Iisus pe brațul stâng și arată cu mâna dreaptă spre Hristos care parcă spune despre El Însuși: "Eu sunt calea" (Ioan 14,6). După cum mâna dreaptă a Fecioarei ne conduce privirea spre Domnul așa întreaga Biserică ne îndreaptă atenția sufletului spre El, cu pioșenie, cu sfințenie, cu dragoste, cu speranță și cu credință adâncă și tare. Întorcându-ne la iconografia Maicii Domnului, sfinții părinți spun că privirea ei din icoane nu este nici spre noi, nici spre depărtare, ci este ațintită adânc în interiorul său, căci ea se află în permanentă contemplare a lui Dumnezeu și a veșniciei Sale.

Biserica noastră ortodoxă nu admite o sărbătoare ca Imaculata Concepție a Sfintei Fecioare Maria pe care o celebrează biserica catolică, în urma hotărârii luate de Papa Pius IX la 8 decembrie 1854 (Constituția Ineffabilis Deus), care consideră că Maica Domnului "în prima instanță a conceperii [ei ca prunc], printr-un privilegiu unic și har dat de Dumnezeu, în vederea meritelor lui Iisus Hristos Salvatorul seminției umane, a fost ferită de orice pată a păcatului originar". Conform bisericii catolice starea de *sanctitate originară*, inocență și dreptate, în opoziție cu *păcatul originar*, i-a fost conferită Sfintei Maria, astfel că ea nu putea avea nici o pată sau greşală (emoţii, patimi, debilităţi mintale şi sufleteşti care ţin de păcatul originar), exceptând pedepsirea temporară a lui Adam cu întristare, boală şi moarte. În mai puţine cuvinte, biserica catolică admite participarea fizică a celor doi părinţi, Sfinţii Ioachim şi Ana, la conceperea Sfintei Maria dar sufletul care a fost pus în sămânţa de carne rezultată a fost dat de Duhul Sfânt ca să fie complet curat şi imun la ispitele şi păcatele lumii exceptând cele trei lucruri care ţin de pedepsirea lui Adam şi Eva. Noi ortodocşii credem dimpotrivă că Maica Domnului s-a născut exact ca noi cu toate sensibilităţile şi vulnerabilităţile faţă de ispite dar că prin voinţa şi credinţa ei s-a păstrat neprihănită, Prea Curată, pentru a deveni leagăn al fiinţei întrupate a Mântuitorului. Acest concept după cum subliniază Sfinţii Părinţi este enorm de important şi vital. El ne arată că şi noi cu firea noastră omenească, urmând exemplul Prea Curatei Sfinte Fecioare, putem, prin curăţire, post, rugăciune şi iubire de Dumnezeu şi aproapele, sa devenim, în sufletul şi adâncul fiinţei noastre, purtători ai Domnului nostru Iisus Hristos.

**Prea Sfântă Născătoare de Dumnezeu, roagă-te pentru noi.
Pentru rugăciunile Prea Curatei Tale Maici, Doamne Iisuse Hristoase Dumnezeul nostru, miluieşte-ne pre noi.
Amin.**

Rugăciuni către Maica Domnului

Cuvine-se cu adevărat să te fericim Născătoare de Dumnezeu, cea pururea fericită și prea nevinovată și Maica Dumnezeului nostru. Ceea ce ești mai cinstită decât Heruvimii și mai slăvită fără de asemănare decât Serafimii, care fără stricăciune pe Dumnezeu Cuvântul L-ai născut, pe tine cea cu adevărat Născătoare de Dumnezeu te mărim.

*

Prea Sfântă Născătoare de Dumnezeu bucură-te. Ceea ce ești plină de dar Marie, Domnul este cu tine. Binecuvântată ești între femei și binecuvântat este rodul pântecelui tău că ai născut pe Mântuitorul sufletelor noastre. Amin.

*

Născătoare de Dumnezeu, ceea ce ești izvorul milei, învrednicește-ne și pe noi milostivirii. Caută spre poporul cel păcătos. Arată-ți puterea ta ca totdeauna. Căci nădăjduind întru tine îți strigăm cum ți-a strigat oarecând Gavriil, mai marele voevod al celor fără de trupuri: bucură-te! (Rugăciune la Icoana Împărătească a Maicii Domnului).

*

Apărătoare Doamnă pentru biruință mulțumiri, izbăvindu-ne din nevoi, aducem ție Născătoare de Dumnezeu noi robii tăi. Ci ca ceea ce ai stăpânire nebiruită, slobozește-ne din toate nevoile ca să strigăm ție: Bucură-te, Mireasă, pururea Fecioară. (Condacul 1 din Acatistul Bunei Vestiri, scris după eșuarea asediului Constantinopolului).

*

Ușa milostivirii deschide-ne-o nouă binecuvântată Născătoare de Dumnezeu, ca să nu pierim noi cei ce nădăjduim întru tine ci să ne mântuim prin tine din nevoi că tu ești mântuirea neamului creștinesc.

*

Împărăteasa mea cea bună și nădejdea mea, Născătoare de Dumnezeu, primitoarea săracilor și ajuătoarea străinilor, bucuria scârbiților, acoperitoarea necăjiților, vezi-mi nevoia, vezi-mi necazul; ajută-mă ca pe un neputincios, hrănește-mă ca pe un străin. Necazul meu îl știi; dezleagă-l precum voiști că n-am alt ajutor afară de tine, nici altă folositoare grabnică, nici altă mângâietoare bună fără de tine, Maica lui Dumnezeu, ca să mă păzești și să mă acoperi în vecii vecilor. Amin.

*

Prea Sfântă Stăpâna mea, de Dumnezeu Născătoare, cu sfintele și prea puternicele tale rugăciuni izgonește de la mine, smeritul și ticălosul robul tău, deznădăjduirea, uitarea, necunoştinţa, nepurtarea de grijă şi toate gândurile cele spurcate, cele rele şi hulitoare de la ticăloasa mea inimă şi de la întunecata mea minte. Şi stinge văpaia poftelor mele că sărac sunt şi ticălos. Şi mă izbăveşte de multe rele şi aduceri aminte şi năravuri şi de toate faptele cele rele mă slobozeşte. Că binecuvântată eşti de toate neamurile şi prea cinstitul tău nume se slăveşte în vecii vecilor. Amin.

*

Prea Sfântă Fecioară Maria, Maica lui Dumnezeu, roagă-te pentru noi, acum şi până în ceasul morţii noastre. Amin.

Doamnei Cerului, Împărătesei Pământului

În fiece ceas de rugă, ridicăm gândul nostru spre aceea în care "inima omului a bătut, ca niciodată, împreună cu inima Domnului". Celei mai alese dintre toate neamurile îi încredințăm în taină bucuriile, nădejdile și mai ales mâhnirile noastre, cunoscând puterea ei de preamilostivă mijlocitoare între noi păcătoșii și Mântuitorul Iisus Hristos, Fiul său și Dumnezeul nostru.

(Zoe Dumitrescu-Bușulenga - Maica Benedicta).

Cântec vechi românesc

O, Măicuță sfântă
Te rugăm fierbinte
Să ne-asculți de-a pururi
Marea rugăminte.

Refren: Nu ne lăsa Măicuță
Să pierim pe cale,
Că noi sântem fiii
Lacrimilor tale.

Cînd plângeai pe cruce,
Maică-ndurerată,
Te-am primit de mamă
Noi și lumea toată.

Călători pe marea
Veșnic tulburată,
Noi ne-am pus în tine
Și nădejdea toată.

Tu ești steaua mării
Și-i ajuți s-o treacă,
Toți care te roagă
Nimeni nu se-neacă.

Să ne conduci luntrea
Printre stânci și valuri,
Să ne scoți la portul
Veșnicelor maluri.

Să ne duci cu tine
Unde calea-ți duce,
Să ne dai în ceruri
Fiului tău dulce.

Noi cuprinși de-o pace
Fără de hotară,
Te-om lăuda veșnic,
Pururea Fecioară.

Cuvânt de despărțire către cetitor

Rugăciunea călătorului

Maică Sfântă,
Prea Curată,
Tu ai pornit
La drum drumărit
Cu Fiul tău
Și al lui Dumnezeu
Și cu Iosif cel sfânt
Și ați sosit
Sănătoși și voioși.
Așa fă Maică Sfântă
Prea Curată
Ca și eu să drumăresc
Și să sosesc
Sănătos și voios. Amin.

(din Dumitru Stănescu:
"Cultul Maicii Domnului la români")

Fie ca această cărticică de credință și de dragoste să îți fie cetitoriule un cald îndemn în lunga călătorie a sufletului tău către Bunul Dumnezeu, cu ocrotirea Maicii Sale care ți-e Maică și ție ca nouă tuturor.

Cuprins

Sfinţenia Maicii Domnului 5

Naşterea Sfintei Fecioare 7
Troparul, Condacul şi Irmosul Naşterii Sfintei Fecioare 11

Intrarea în templu a Maicii Domnului 13
Troparul, Condacul şi Irmosul Intrării în Templu 16

Buna Vestire 17
Troparul, Irmosul şi Condacul Bunei Vestiri 22

Naşterea Domnului 23
Condacul şi Irmosul Naşterii Domnului 28

Întâmpinarea Domnului 30
Troparul, Condacul şi Irmosul Întâmpinării Domnului 36

Domnul Iisus în Templu şi evenimentele postmergătoare 38
Rugăciune către Domnul Iisus şi către Maica Domnului 47

Patimile Domnului şi evenimentele postmergătoare 49
Condacul şi Irmosul Invierii Domnului 63

Adormirea Maicii Domnului 65
Troparul şi Condacul Adormirii Maicii Domnului 73

Praznicul Acoperământului Maicii Domnului 75

Condacul 1 al Acatistului Sfântului Acoperământ al Maicii Domnului 76

Icoanele Maicii Domnului 77

Rugăciuni către Maica Domnului 90

Doamnei Cerului, Împărătesei Pământului 93

Cântec vechi românesc 95

Cuvânt de despărțire către cetitor 96

Reflection Publishing
P.O. Box 2182
Citrus Heights, CA 95611-2182 USA
Tel: (916)-604-6707   Fax: (916)-726-2768
E-mail: info@reflectionbooks.com

www.ingramcontent.com/pod-product-compliance
Lightning Source LLC
Chambersburg PA
CBHW061457040426
42450CB00008B/1392